# イエスの御心
# 神の意図

JESUS NO MIKOKORO KAMI NO ITO

竹田文義

author
TAKEDA
Fumiyoshi

文芸社

# はじめに

はじまりに相応《ふさわ》しく、この福音から始めよう。

ヨハネによる福音書　第一章1節（賛歌《さんか》　一　神《かみ》であるみ言葉《ことば》）
初《はじ》めにみ言葉《ことば》があった。

『初《はじ》めにみ言葉《ことば》があった』。この言葉は、《最初に言葉が在った》と解釈できるだろう。

そして、神にとっては、《現在が『初《はじ》め』の時である》と理解してほしい。

また、（小見出し）の『神《かみ》であるみ言葉《ことば》』は、《神は言葉である》と解釈する。

これらの意味を合わせれば、《神は、今はまだ『言葉《ことば》』だけが在る時だ》と読み取れる。

なので、《これまで神は、人間には神の影すら見せていない》ということで、つまり《現状で人間に与えられているのは、神の言葉だけ》という解釈になる。

この解釈が何を意味するのか。それを本書で解いていく。


しかし、日頃から『聖書』に親しんでいる人には、この解釈はあり得ないと思えるだろう。この福音を、本文の一行だけ切り取るなんて思いもしないことだろう。

だが、神が本当に伝えたかったのは、本文一行目までの《言葉》なのだ。でも、ヨハネはこの《言葉》だけでは満足できず、この《言葉》から自身が連想したことを付け足した。そう理解すれば、ヨハネはこの《言葉》から『旧約聖書』の「創世記」を連想したと分かるだろう。

本書を読めば、この《神の言葉》と《人間の言葉》を切り分ける方法も分かる。


話を戻そう。《現在でも、神から人間に与えられているのは言葉だけ》なのだ。

だから、《この世界を探究することで神を解明できる》とするアインシュタイン時代の科学者の神に対するアプローチや、《この世に起きたスピリチュアルなことや奇跡から神を解明しようとするやり方》は、《神の探究方法としては間違いだった》ということになる。


これは余計なこと、と思いつつもこれを語ろう。アインシュタインの同胞《どうほう》であるユダヤの民は、『旧約聖書』を読めば昔から神に散々に苛《いじ》められてきた。だが、それは神に対して間違ったことをしたからで、結局ユダヤ人は神に対する正しい対応が分からず、ただただ性格を捻《ひね》くれさせ、意固地なまでに頭も心も凝り固まらせた。

そうやってユダヤの民は、間違いをトコトン経験することになった。そして終《つい》に第二次世界大戦の時、ユダヤ人に「ホロコースト」と称される虐殺が行われた。これは、これ以上間違うことを赦《ゆる》さないとユダヤ人に伝えるために神が行わせたこと。ユダヤがこのまま行けば、最後の審判の時には、あのホロコーストすら神に手加減されていたと思い知らされるだろう。だから、そうなる前に神は、ユダヤ人にホロコーストを行い彼らに警告したのだ。

ユダヤ人は人類の手本となるように、神の正統な子として扱われていたからこそ、神からこれほどに構《かま》われていたのだ。故に、ユダヤの民たちこそが、イエスの言葉に真正面から取り組むべき者たちであったのだ。

ユダヤ人は、プライドばかり高くして神を身勝手に解釈して自己完結してしまった。それ故、地上で今でも地獄の目を見させられる。あなた方は屍《しかばね》の先にどんな天国を見るのか。

要らぬ正当性を主張して地上の聖地を奪い合う愚かさを知れよ。聖地（＝天国）は未来にある。その意味を本書で学べよ。地上の争いで勝てば勝つほど、最後の審判で地獄を見るぞ。

日本の隣人となるユダヤの民に向けてこれを語った。日本とユダヤが同胞であったことをあなたは知るだろう。

しかし、これらの話の裏で、ユダヤの民にも本物と偽物がいて、本物の民は、偽物の民の悪行に振り回され苦難に呑《の》み込まれていることも、神は痛いほどに理解している……と、これ以上語るのはやめよう。余計なことと言いながら話しすぎた。最初に戻ろう。

神はまだ人の前に現れてはいない。今は、神の出現に先行して言葉のみが人に与えられた状態だ。

このことをこの福音は、『初《はじ》めにみ言葉《ことば》があった』と言い表した。

そして今は、天国が始まる前のプレオープンの時なのだ。これが《『初《はじ》め』の時》という状況を言い表し、それが事実であったのだ。

しかし、最初に出したヨハネの福音書で語った通り、福音のすべてが正しいわけではない。

だが、《それを語ったヨハネにとっては正しい》ということもある。神を前にして、こんな《正しいと間違いが混在する状況も在る》ということも、本書を読み進めていけば理解できるだろう。

『初《はじ》めにみ言葉《ことば》があった』。この言葉の意味を正しく理解したなら、神を理解するには《神と人のやり取りから学ぶ》のではなく、《そこに記された神の言葉を読み解く》というアプローチで神の世界を構築しなければならないと分かるだろう。神と人では世界に対する認識が違うのだから、まずは人の常識を脇に置いて、神の言葉をそのまま理解するべきだったのだ。

故に、神の本当の教えを分かるには、人間がこれまで積み上げた叡智《えいち》（＝神の教えを人の知恵で人間が守れるように再構築したもの＝戒律など）の一切を捨て、神の言葉を一から構築し直す（＝神の言葉をそのままに理解する）必要がある。

だが、これまでの知識の一切を捨てて真っ新《さら》な状態から神を理解しようとしても、まず、神の言葉とされたものから正しい教えを示す言葉を選別する必要がある。それに、神の言葉と言っても世界には多くの宗教があって、ではどの神の言葉を選べば良いのか？　だが、すべての宗教の教えを調べるのは難しく、それに何を基準に《それを正しい》とするのか？

と、そんなことを考えれば、もはや人間には不可能と結論するしかない。

だから、神からこれ以上ないほど明確に、《これが正しい教えだ》と示す教えが降ろされた。

まずは、それを語った《教え》を見てみよう。

大本神論　一巻P二九　明治二十五年旧正月
三千世界《さんぜんせかい》の大洗濯《おおせんたく》、大掃除《おおそうじ》を致《いた》して、天下太平《てんかたいへい》に世《よ》を治《おさ》めて、万古末代続《まんごまつだいつづ》く神国《しんこく》の世《よ》に致《いた》すぞよ。神《かみ》の申《もう》した事《こと》は、一分一厘違《いちぶいちりんちが》わんぞよ。毛筋《けすじ》の横巾《よこはば》ほども間違《まちが》いは無《な》いぞよ。
これが違《ちご》うたら、神《かみ》は此《こ》の世《よ》に居《お》らんぞよ。

神が、『神国《しんこく》（＝天国）の世《よ》に致《いた》す』この教えを『一分一厘違《いちぶいちりんちが》わん』と言い、『毛筋《けすじ》の横巾《よこはば》ほども間《ま》違《ちが》いは無《な》い』とまで語った言葉をまとめた本が『大本神諭《おほもとしんゆ》』で、その元となったものが「お筆先《ふでさき》」なのだ。

『これが違《ちご》うたら、神《かみ》は此《こ》の世《よ》に居《お》らんぞよ』と言い切るほどの正しい教えということだ。

これまでに、これほど『間違《まちが》いは無《な》い』と書かれた教えがあっただろうか？

だからこそ、この教えを全身全霊で読み解いたのだ。

それによって、これまでも神から人間に様々なアプローチがあったと分かった。人間の歴史の裏で、神の計画と悪魔の計画が同時に進行していた。そして、宗教においても神の教えと悪魔の教えがあると分かった。


この『一分一厘違《いちぶいちりんちが》わん』教えを解明することで、神と悪魔が明確にされた。これまで、人々から神と崇《あが》められた悪魔が大勢いたのだ。それを明確にしてやっと、神が人類に辿《たど》らせようとした道筋が見えた。

なので、この答えを知ったからこその方向性と導きをもって語っていこう。


まずは、人類を導《みちび》く神からの教えが何であるかを紹介する。

それは、最初に参照した言葉、この福音が収められた『新約聖書』がその一つ。

そして、次に参照した「お筆先」がもう一つだ。

他にも参照しているものもあるが、メインはこの二つだ。

ただ、本書では、日本を含めた世界の人々を対象にするので、日本でもあまり知られていないお筆先よりも、世界に広く知られている『新約聖書』を中心に解説する。


福音を正しく解釈できたなら、イエスは想像以上に未来を正確に語っていたと分かる。

そして、イエスの言葉の意味が理解できたなら、神とは非常に厳しい存在だと感じるだろう。

人には、言い訳の言葉すら許されず、選択の余地すら無いのだ。

だが、神の厳しい試練を乗り越えたなら、その者は天国に招かれ歓喜に満たされる。

しかし、これらの言葉にもブラフが隠されている。それが何処《どこ》にあるのか、本書を読んで解明してほしい。


さあ、『新約聖書』から、これまで語られなかった真実の扉を開こう。

イエスの言葉から、複雑怪奇に織り込まれた神の秘密を解明しよう。

福音に記されながら、公然と無視されていた神の真実をご堪能あれ。

# 目次

はじめに……3

第一章　神と人の歴史をざっくりとさらう……17
宗教にも神が意図した流れがある……18
正統な神の系統……22

第二章　これまでの宗教が見ているもの……35
キリスト教の歴史的問題……36
大本という団体……41

第三章　終わりは始まっている……51
お筆先が世に出るとき……52
きみたちはどう生きる?……54
今、この時……58
我々の置かれている状況……63
大本の大峠……70
日本の現実、大峠の意味……82
第四章　幻想は崩れ去る……89
天国へ行く者、地獄へ行く者……90
つまずき……91
天国へ行く者と地獄へ行く者の違いについて……95
悪の正義が席巻する……98
神の中の唯一神……100
イエスの系列……103

日本の系列……107
天国はどんな所？……110
天国の姿……111
天国の人々……114
天国には明確な身分がある……116
イエスの布石……121
二〇〇〇年前、イエスは人々に何を見せたのか？……122
滅びに至る門……125
この宇宙について……128
現実を知る……134
聖霊について……140
この宇宙の構造……143
第五章　天国へのルート案内……151
団体戦より個人戦をお勧め……152
狭い門……153

幽霊の所在……156
神界と霊界と地上と、もう一つの世界……156
人には、もう一つ肉体がある……159
最後の一クァドランス……163
クァドランスの意味……165
狭い門のある場所……168
聖霊に会う方法……171
聖霊に遭おう……177
聖霊による洗礼……179
団体戦を希望する人はこちら……186


## 第六章　出口の無い世界を生きる放浪者たち

第六章　出口の無い世界を生きる放浪者たち……189
『聖書』が語る善と悪……190
神の意図……194
神の愛……199
洗礼者ヨハネ……200

神の計画を語る福音……205
放蕩《ほうとう》し、さまよう息子……205
おとめたち……212
団体戦終盤の様相……216
赦し……218
イエスの覚悟を知れよ……222
剣を投ずる……224


## 第七章　イエスの弟子が地上で成すこと

第七章　イエスの弟子が地上で成すこと……229
イエスに従う者が苦難に遭うわけ……230
パンより大事なもの……231
本当は怖い福音の書……232
天国の危険性……238
天国に行く一般の人たち……241
神が語る裁きについて……245
悪の魂の者への褒美《ほうび》……250

地上での聖霊による洗礼の実際……252
聖霊に正面から向き合う……255
霊での活動……259
乗り換え案内……267
イエスの言葉に挑む価値……270

## 第八章　イエスの孤独な戦い……275

エルサレムのイエス……276
契約の血……277
神と悪魔の戦い……280
違《たが》えられた約束……283
父と子と聖霊……285
秘密は開示され、世界は収束する……287

まとめ……297
人類補完（？）計画の裏側……299

終わりに…………310
参考文献…………312

# 第一章　神と人の歴史をざっくりとさらう

# 宗教にも神が意図した流れがある

日本には、『古事記《こじき》』という神話がある。

この『古事記』で最初に登場する神が、「天之御中主神《あめのみなかぬしのかみ》」だ。しかし、この神は『古事記』の中では何も語らず何もせず、名だけの登場で消えている。

こんな何の情報もない神なのに、この神を祭神とする宗教がある。その宗教とは、教派神道に区分される富士信仰の富士講《ふじこう》を起源とする流派だ。

私は、その流派の中の「實行教《じっこうきょう》」にご縁があって知っているのだが、その『實行教経典』のお唄《うた》の一つに『道祖御恩礼《どうそごおんれい》』があり、その一節に、

『開《ひら》くる時《とき》をすくふべき　教《をしへ》をのこすおん慈悲《じひ》の』

とあって、この言葉が《神の教えの根源がここに在る》と教えていたのだ。

その言葉の何が根源なのか、それを分かるために、まずはこのお唄に込められた意味を読み解いていこう。

最初の『開《ひら》くる時《とき》』とは、《天国の扉を開く時》ということだ。だが天国の前には、誰もが通らな

ければならない『最後の審判』という「大峠《おおとうげ》」がある。なので、《人々がその大峠を無事に越えられるように『すくふべき　教《をしへ》をのこす』のが神の『おん慈悲《じひ》』である》という話なのだ。

では、その《残された教え》は何処にあるのか？　そして、それは何なのか？

このお唄を伝える實行教にも、答えを知っていれば確かに教えとなるものがあると分かる。だがそれは、キーワードとなる言葉があるという程度で、教えとは言えないものなのだ。

では、人々の救いとなる教えは何処に残されていたのか？

その答えが、大本《おほもと》に降ろされた「お筆先」なのだ。

このお筆先は、「艮の教《とどめ》え」として人類に降ろされた。それは、神から人類に向けた最後の教えという意味なのだ。なので、お筆先には大盤振る舞いとも言えるほどに、神が人類にこれまで知らせてこなかったことが開示されていた。

故に、お筆先は人類にとって宝となるものだったのだ。

しかし、お筆先が《最後の教え》であるならば、《途中の教え》もあったということになる。

それが、イエスの言葉と活動を記録した『新約聖書』なのだ。この二つが、正統な神の系統で、お筆先には、日本とイエスや洗礼者ヨハネとの関わりについても書かれていたのだ。

また、『旧約聖書』も正統な神からのものではある。だが、本書では解説しない。

『旧約聖書』は、次の福音でイエスが語った通り、イエスの出現に向けたものだったのだ。

ルカによる福音書　第二十四章27節（エマオへの途上《とじょう》での出現《しゅつげん》）
モーセとすべての予言者《よげんしゃ》から始《はじ》めて、聖書全体《せいしょぜんたい》にわたってご自分《じぶん》について書《か》かれている
ことを、二人《ふたり》に説明《せつめい》された。

『旧約聖書』には確かに預言者の神からの言葉もある。だが、これを読めば、イエスでなければ『旧約聖書』の真意をくみ取れるものではなかった、と分かるだろう。

そうであるが故に必然的に、神を分からない祭司たちによって、神の教えは歪められたのだ。


それ故、イエスは当時の宗教の教えに毒されていない知恵の無い者を弟子にした。

だが、と言うべきか、それ故、と言うべきか、そうした者の《無邪気な問いかけが神の真実を顕《あらわ》にする》なんてことはなく、イエスは相手の問いに縛られず自由に語ることになった。

しかし、自由に語ったが故にイエスの言葉の解釈は至難を極めた。

だがそれを含め、これが神の計画であったのだ。

そんなことも順次説明していこう。

ところで、《正統な神の系統》と言っているのだから、《正統ではない神の系統》もあると予想できるだろう。

しかし、これまでの教えでは、神の教えと悪魔の教えを見分けることは難しかった。

だがこれも、お筆先を読み解くことで明確にされた。

この辺りのことが分かるようになれば、世界中にある宗教は、概念的ではあるがスッキリと見渡せるようになる。

これも、本書を読み進めていけば分かることになるだろう。

# 正統な神の系統

先ほど、實行教・お筆先・『新約聖書』と流れで書いたが、時間軸で語ると『新約聖書』の方が古く、實行教、お筆先の順に新しくなる。ただ、神の教えの順序としては、實行教、お筆先、『新約聖書』となる。と言ってもこの順序は、實行教が一番の神、お筆先が二番の神、『新約聖書』がだいぶ下の神という神の序列で決めたものだ。とは言っても、どれも一番の神の意図で行われたことで、それを実行した者の順位だと思ってほしい。その根拠はお筆先に書かれている。これについては、いずれ本書で紹介する。

しかし、日本の神とキリスト教の神は、普通に考えたら無関係だろう。日本は八百万《やおよろず》の神で、キリスト教は一神教なのだ。互いに譲り合わなければ対立する関係となるだろう。

だが、『古事記』では何も語らず何もせず、名だけの登場で消えていた天之御中主神《あめのみなかぬしのかみ》が、実は唯一《ゆいいつ》神《しん》であったのだ。それはお筆先に書かれていた。

日本では隠されていた神、それが唯一神の系統だった。

それが、お筆先によって世に現れた。

しかし、お筆先が降ろされてから一〇〇年以上、お筆先を一般の人にも読めるようにして取りまとめ『大本神諭《おほもとしんゆ》』として出版されてからでも既に六十年以上も経《た》っている。だが、この事実を知る日本人はほとんどいないのが現状だ。それこそ、神から降ろされたお筆先を伝える本拠地であるはずの大《おほ》本《もと》教団ですら、お筆先を正しく読み解けてはいないのだ。

そして、埼玉にある實行教の本庁には、天照大御神《あまてらすおおみかみ》の名より上に天之御中主神《あめのみなかぬしのかみ》の名が書かれた掛け軸が隠されている。これは、日本（＝天皇家）の守護神より實行教の祭神の方が上位だと宣言しているようなもので、それは天皇家に対し不敬だと、未《いま》だに世間の目に触れないように隠されている。だが、お筆先を理解すれば、唯一神である天之御中主神が天照大御神よりも上位なのは必然なのだ。

そんな掛け軸も隠され、お筆先の解釈も認知も今ひとつの状態ではあるが、それでも、お筆先によってこれまで隠されていた正統な神は、まだ《言葉だけ》ではあるのだがこの世界に現れたのだ。

『新約聖書』にはこんな言葉がある。

ヨハネの黙示録　第二十一章6節（新《あたら》しい天《てん》と地《ち》）

わたしはアルファであり、オメガである。初《はじ》めであり、終《お》わりである。

この福音の『わたし』とは、正統な神の系統の者たちだ。

よくよく考えてみてほしい。最後の審判を行う神とは何者なのか？

そんなことを改めて問うまでもなく、《最後の審判を行う神は正統な神だ》と、それが大前提だと普通に思うだろう。

もし、最後の審判を行う神が邪神（＝悪魔）だったら、あなたは納得できるだろうか？

悪魔信仰者なら喜ぶかもしれないが、普通の人なら納得なんてできないだろう。

と、そんなことを頭に置いて、仕切り直そう。

お筆先では、《正統な神はこれまで隠れて守護していた》と書かれていた。

もう少し詳しく言えば、正統な神が天地を創造したら、悪神に天地を奪われて、正統な神は隅《すみ》に押し込められて、次に登場するのは九分九厘《くぶくりん》（＝最後の審判）の時だと書かれていたのだ。

つまり、正統な神は、《天地創造の『初《はじ》め』の時》と《最後の審判の『終《お》わり』の時》に現れる、というのが正しい解釈なのだ。

それ故、『わたしはアルファであり、オメガである。初《はじ》めであり、終《お》わりである』の言葉の意味は、

《正統な神は、初めと終わりの時にだけ姿を現す》となる。

一般に理解される『わたしはアルファであり、オメガである』の言葉は、《最初から最後まで》と解釈され、それは《神は永遠である》という認識に帰結するのだろう。確かにこの理解は正しい。だが、人の思考をそちらに向けさせて、実はその言葉の裏に違う解釈があったのだ。

神の言葉の多くは、こんなやり方で真実を隠す。

だが、お筆先を知らなければ、《神の言葉に違う解釈がある》なんて思いもしないだろう。

しかし、正統な神が最初と最後にしか現れないのなら、今、宗教を指導している存在は何者なのか？　という疑問が生じる。

この疑問に素直に答えるなら、《それは正統ではない存在》、ということだ。

あなたは理解できるだろうか？

神は、この事実を隠すために『わたしはアルファであり、オメガである』という言葉に秘密を忍ばせたのだ。

これは、《神は正しいことを語りながら、人が間違う解釈をするように、わざと不親切に語っていた》ということなのだ。

だが、この件はその理由も含めて読み進めていけば分かることになる。なので話を戻そう。

イエスを信仰していても、そんな隠された事実に気付かないまま正統な神が現れて最後の審判になれば、あなたは裁かれてしまうだろう。

なので、そうならないように、間違いのない教え（＝お筆先）が正統な神から降ろされた。

お筆先は、神の教えの総集編とも回答編とも言えるもの。

《このお筆先が分かることで、神が『聖書』に残した言葉が正しく理解できるようになる》

このことは、次の福音に書かれている。

マタイによる福音書　第二十章1〜16節（ぶどう園《えん》の労働者《ろうどうしゃ》）

「天《てん》の国《くに》は次《つぎ》のことに似《に》ている。ある家《いえ》の主人《しゅじん》がぶどう園《えん》で働《はたら》く者《もの》を雇《やと》うために、朝早《あさはや》く出《で》かけた。彼《かれ》は一日一《いちにちいち》デナリオンの約束《やくそく》で、労働者《ろうどうしゃ》をぶどう園《えん》に送《おく》った。九時《くじ》ごろ、再《ふたた》び市場《いちば》に出《で》かけると、何《なに》もせずに立《た》っている人《ひと》たちがいたので、彼《かれ》らに言《い》った、『あなた方《がた》もぶどう園《えん》に行《い》きなさい。ふさわしい賃金《ちんぎん》を払《はら》おう』。彼《かれ》らは出向《でむ》いて行《い》った。主人《しゅじん》はまた十二時《じゅうにじ》ごろと三時《さんじ》ごろにも出《で》かけて、同《おな》じようにした。さらに五時《ごじ》ごろ、出《で》かけると、ほかの人《ひと》たちが立《た》っていたので、『なぜ何《なに》もせず、一日《いちにち》じゅうここに立《た》っているのか』と言《い》うと、彼《かれ》らは『誰《だれ》も雇《やと》ってくれないからです』と答《こた》えた。そこで、主人《しゅじん》は彼《かれ》らに、『あなた方《がた》もぶどう園《えん》に行《い》きなさい』と言《い》った。夕方《ゆうがた》になって、ぶどう園《えん》の主人《しゅじん》は管理人《かんりにん》に言《い》った、『労働者《ろうどうしゃ》たちを呼《よ》び、最後《さいご》に来《き》た者《もの》たちから始《はじ》めて、最初《さいしょ》に来《き》た者《もの》たちにまで、賃金《ちんぎん》を払《はら》いなさい』。そこで、五時《ごじ》ごろに来《き》た者《もの》たちが来《き》て、それぞれ一《いち》デナリオンずつ受《う》け取《と》った。最初《さいしょ》に来《き》た者《もの》たちが来《き》て、それよりも多《おお》くもらえるだろうと思《おも》っていたが、彼《かれ》らが受《う》け取《と》ったのも一《いち》デナリオンであった。それを受《う》け取《と》ると、彼《かれ》らは主人《しゅじん》に不平《ふへい》をもらして言《い》った、『最後《さいご》に来《き》た者《もの》たちは一時間《いちじかん》しか働《はたら》きませんでした。それなのに、一日《いちにち》じゅう労苦《ろうく》と暑《あつ》さを辛抱《しんぼう》したわたしたちと同《おな》じように扱《あつか》われる』。主人《しゅじん》はそのうちの一人《ひとり》に答《こた》えて言《い》った、『友《とも》よ、わたしはあなたに何《なに》も不正《ふせい》なことはしていない。あなたはわたしと一《いち》デナリオンの約束《やくそく》をしたではないか。あなたの分《ぶん》を取《と》って帰《かえ》りなさい。わたしはこの最後《さいご》の人《ひと》にも、あなたと同《おな》じように支払《しはら》いたいのだ。わたしが自分《じぶん》のものを自分《じぶん》のしたいようにするのが、なぜいけないのか。それとも、わたしの気前《きまえ》のよさを、あなたは妬《ねた》むのか』。このように、後《あと》の者《もの》が先《さき》になり、先《さき》の者《もの》が後《あと》になる」。

まずは、福音の最後の言葉から説明しよう。

『後《あと》の者《もの》が先《さき》になり、先《さき》の者《もの》が後《あと》になる』。

これは、《後《あと「の」「もの」がさきに「なり」》から出たお筆先が先に解明されて、先《さき「の」「もの」が「あと」に》に出たイエスの言葉が正しく解明できるようになる《なる》》と解釈する。

この言葉だけで、《参照前に語ったことの根拠として、福音ではこのように記されている》という説明は終わりだ。

だが、『第二十章1〜16節《マタイによる福音書》（ぶどう園《えん》の労働者《ろうどうしゃ》）』には、他《ほか》にも神と人の根幹となるような大切なことが書かれているので福音の全文を出した。本格的に『新約聖書』を解読する始まりにこの福音を解説する。


ただし、解説の前に明確にしておくことがある。本文一行目に『天《てん》の国《くに》は次《つぎ》のことに似《に》ている』とあるのだが、この福音の内容は『天《てん》の国《くに》（＝天国）』の話ではない。

イエスは、よく『天《てん》の国《くに》は』と語るのだが、内容を理解すればその多くは《天国へと向かう途上》の話なのだ。この福音も《天国の話》ではなく、《天国への途上の話》として理解してほしい。

この福音は、遠い過去から未来に向けて行われる《地上》での《天国への途上の話》なのだ。


さて、解説に入ろう。

この福音を一通り読んで気になるのは、《労働者の労働時間が違うのにその対価が同じ》という点だ。労働の対価として『労働者《ろうどうしゃ》たち』が言ったことが当時の一般的な感覚なのかは知らない。だが、そのことを丁寧に語っているのだから、逆にイエスは、《皆一律に『一《いち》デナリオン』であることを強調したかった》と分かる。

では何故《なぜ》、イエスは《その支払いを問題ない》と言ったのか？　と、こう言えば、イエスが《それを読み解いてみなさい》と言っているように感じるだろう。

そうやって、せっかくイエスが読み解けと導いているのに、神の言葉を人間の感覚で理解しようとしてはいけないなんて思考を停止させたら、神が福音に込めた言葉から奥深い真実を掘り出せなくなってしまう。だから、気になったなら《それこそが探究すべき対象》になる。解説に戻ろう。


イエスが語った、この一見不平等に思えるたとえ話も、次のように解釈すれば納得できるだろう。

『ぶどう園《えん》の主人《しゅじん》』は、会話の中で次のことを言っている。

『わたしはこの最後《さいご》の人《ひと》にも、あなたと同《おな》じように支払《しはら》いたいのだ』と。


『ぶどう園《えん》』で働く労働者が収穫するのは、ぶどうの果実。

《神の『ぶどう園《えん》』で働く者》は、《ぶどうの果実（＝神の真実）を得る者》なのだ。この福音はそういう話なので、神の『ぶどう園《えん》』で働く労働者が神から最後に受け取るのは、皆、一律に天国なのだ。

なので、『一《いち》デナリオン』では足りないと『不平《ふへい》』を言って多くを得ようとしても、《あなたが住める天国《デナリオン》は一つだけだよ》という話なのだ。これなら、皆一律でも文句は無いだろう。

ここまでの説明を踏まえて、次を解説しよう。

『朝早く《あさはや》』、『九時《くじ》ごろ』、『十二時《じゅうにじ》ごろと三時《さんじ》ごろ』、『さらに五時《ごじ》ごろ』に声をかけた『ある家《いえ》の主人《しゅじん》』とは、『旧約聖書』の初期の時代から地上に幾度も現れた預言者たちだ。この預言者たちは、神の『ぶどう園《えん》』に人々を導き、神の真実を彼らに収穫させるのが仕事だった。

そんな《神と人の『旧約聖書』に記された時代から現代までの歴史》を、日の出から日の入りまでの一日に見立てて語っていたのがこの福音なのだ。

なので、『夕方《ゆうがた》になって』『賃金《ちんぎん》を払《はら》』う時が満了の時だとすれば、お筆先を降ろした日本での活動は夕方近くの『五時《ごじ》ごろ』になる。すると、イエスの活動はその前なので『三時《さんじ》ごろ』となるだろう。神は、イエスを地上に遣《つか》わして人々に語らせることで神の真実（＝ぶどうの果実）を与えていた。なので、現代にまで残された『新約聖書』が、《神の『ぶどう園《えん》』》となるのだ。

つまり、『新約聖書』を探究し真実を得ようとする者たちが、『ぶどう園《えん》の労働者《ろうどうしゃ》』なのだ。

そうやって、イエスの活動と教えを一生懸命に解読して時代をリードして来た人たちではあったのだが、後から出たお筆先が解読されて神が語る真実が顕《あら》わになり、その結果、イエスの言葉の解釈が大きく変わってしまうことになる。

それは、この本が出版されることで現実になる。

神は、最初からそうなるように仕組んでいた。それを語っていたのが次の言葉だ。

『わたしが自分《じぶん》のものを自分《じぶん》のしたいようにするのが、なぜいけないのか』。

この言葉を意訳すれば、《わたしが神《じぶん》の真実《もの》をどのように知らせるのか、それはわたしが決めるよ》ということだ。

また、こうやって日本のお筆先の研究成果が外国の人々にも共有されたなら、皆が最後の審判の前に同じ賃金《神の果実》（＝一デナリオン）を頂いたという解釈もできる。そう理解されたなら、『先《さき》の者《もの》』が文句を言えた話ではないと分かるだろう。

私は、本書でその成果（＝果実）を発表している。なので『先《さき》の者《もの》』である方々も、よく読んでほしいと願っている。

『新約聖書』の行間を読んでも、私のような解釈は出て来ないだろう。

お筆先という答えを知っているからこそ、イエスの言葉の本当の意味を無理なく導き出せる。

本書は、その実例なのだ。

神と人の長い歴史を《第一章》として大雑把に概要を語ったのだが、キリスト教も『聖書』も知らない、それどころか、それらを疑いの目で見ている者でも、この解説を読むには苦労もあるだろうけれど、内容的には誰でも無理なく納得できる話となっているだろう。

イエスの言葉は言い換えが多く慣れないと取っ付きにくいけれど、そこに慣れてしまえば、一般の人の方が宗教の教えに凝り固まった信者よりも受け入れやすい解説になっていると思う。

神の教えとは、本来こういうものなのだ。

根本的な話として、神の教えが人間に理解できないようでは、神も人間に教えた意味が無いと分かるだろう。

これまで、神の教えが分からなかったのは、人間が神の言葉に間違った認識をしていたから理解不能な話になっていただけなのだ。

このように、これまで一つの宗教に囚《とら》われて狭い世界に閉じ込められていた神の教えを、世界に解放していこう。神の教えとは本来、万人に向けて語られているはずなのだ。

それ故、《神》という存在を宗教から解放する。

何故、神を解放する必要があるのか？

まずは、これまでの宗教というものをその世界観を含めて語ろう。

# 第二章　これまでの宗教が見ているもの

# キリスト教の歴史的問題

キリスト教について、まずは簡単に語ろう。

キリスト教は、イエスを救世主と認定して、イエスが語る《天の父》と共にイエスを讃《たた》え、イエスに縋《すが》って罪の赦しを得て天国へと行けるとする宗教だ。

しかし、宗教が語る教えは、科学の発展によってその教えが違っていたことが明確になり、その立場を揺るがすことになった。

これについて有名なのは、天動説と地動説だ。しかし、『聖書』の何処を探しても天動説を語っている所は無い。ただ、教会の立場として、天動説を取れば『聖書』の解釈がしやすかったから天動説を採用していたのだ。本来、概念的な理解としての天動説であったはずなのだが、これが物理的な世界の姿として認識されるようになってしまった。それによって、科学者が言う地動説が正しいことになって、教会の語る天動説が負けて、それ以降宗教が負け続きになってしまったのだ。

本来なら、科学が発展してきたように、宗教の概念も進化するべきだった。

科学的な世界観に矛盾せず、神の語ることにも矛盾しない宗教的世界観を構築すれば良かったのだ。宗教の指導者がその努力を怠ったが故に、宗教の信者は偏屈な集団だと世間から思われることになったのだ。

科学者が地動説が正しいと語ろうと、神を信仰する者にとっては天動説が正しい。科学者はこの世界しか見ないから、太陽の周りを地球が動いている事実を見て、地動説の正当性を主張する。

だが、神を含めたこの世界は、神（＝天の父）が活動しているから我々（＝地に生きる者）が生きていられるのだと、信者なら普通に認識しているだろう。天動説とは本来、これが正しい認識なのだ。科学者が言うように、《神が居なくてもこの世界は在る》なんて不遜なことを、神を信仰する者が言うわけがないのだ。

神を信仰する者なら、《我々は神によって生かされている》と堂々と言うべきなのだ。

ところが、宗教の指導者が神ではなく物質世界ばかりを見ているから、そんな反論すら言えなかったのだ。まあ、キリスト教徒にとってはそれだけが理由ではないだろう。

キリスト教徒にとって、神とは唯一神なのだ。それ故、唯一神が人間のために日夜活動しているなんて想像すらできなかったのだ。それ故、《唯一神という存在は太陽のように動かない》というキリスト教徒が思う神のイメージに合ってしまい、科学者に反論できなかったのだ。とキリスト教に寄り添うようなことを言ってはみたが、それは私の推測にすぎない。

日本なら、何処を見ても神だらけの八百万の神の国で、神々が万物を動かしているという感覚にあまり違和感はないだろう。神が万物を動かしていると言っても、神が団扇《うちわ》を扇《あお》ぐように風が吹き、神が笑うように花を咲かせる。そんな神と自然が一体の感覚で世界は動いていると思っているのが日本人の感覚なのだ。

だが、キリスト教徒にそんな発想は無かった。

では、キリスト教を指導する者たちは、科学とのせめぎ合いをどう解決すべきだったのか？

結局彼らは、その問題を放棄して古い概念のまま安住した。

宗教の指導者は、何の解決もせず、人間には神は分からないものだと、それを分かったような顔で語り、堂々と己の無能を開帳してしまった。そしてそれこそが、人間の神に対する正しい態度だと開き直ったのだ。

そうやって、人間が神に対してできることは、《神を賛美することと祈ることだけ》にしてしまった。

そうして、神の教えの真実を探究もせず、一〇〇〇年もの時をそのままに置かれることになった。

イエスが語った正統な神の教えがこの状態に置かれていることが問題で、これが宗教のすべての問題の根源なのだ。

故に、そんな宗教から神を救い出さなければならない。

《神を宗教から救い出す》とは、《神を顕にして人々に真実を開放する》ということだ。

この手法は既に間違いだと語ったが、《この世界を探究することで神を解明できる》とするアインシュタイン時代の科学者の神に対するアプローチは、本来、宗教者こそがやるべきことだったのだ。

科学的発見を神の言葉と照らし合わせ、互いに矛盾がないように整合を取るのは、宗教者こそが成すべきことだったのだ。それを無責任に科学者に任せてしまったが故に、科学者が増長して《神は居なくても何の問題も無い》としてしまったのだ。

しかし、たとえ宗教者が神の言葉と現実の整合を取ろうとしても、凝り固まった宗教者の思考では問題の解決を見ることはないだろう。

そう言えるほどに、神の真実を知るにはコペルニクス的転回が必要だったのだ。

それは、《第一章》で私が語ったことだけでも、キリスト教の宗教者に、それができたとは思えないと分かるだろう。

キリスト教の研究者は、根本的なところを分かっていない。

キリスト教徒は「聖霊とは何か？」という基本的な問いに答えられない。聖霊すら分からないのだから、悪魔や悪霊や天使も、それがどのような存在なのか、それも分かってはいないのだ。

彼らは、霊界もこの宇宙のことも分かっていない。

それは、『聖書』に語られていないのだから分からないのが当然なのだが、本当に何も分かってはいないのだ。こんな状態でも指導者は信者を導いていると自負しているのだから恐ろしい。


しかし、科学がここまで発達したからこそ、神が本当に言いたかったことが分かるようになって来たのだ。《光あれ》という言葉とともにこの宇宙（＝世界）が始まったことを、科学者がビッグバンとして語るように、あらゆる宇宙の秘密が科学者によって明らかにされた。

それ故、今、この時こそが真実を知る時なのだ。今、ここで神の真実を探究しないのなら、何も分からずにすべてが終わることになる。それを、心に留めておいてほしい。


そして、イエスの言葉の真実を明確にできたのは、お筆先の解読ができたからなのだ。

次は、このお筆先が降ろされた教団「大本《おほもと》」について語ろう。

# 大本という団体

大本という宗教団体について話す。

大本は、明治二十五年（一八九二年）、出口直《でぐちなお》が五十六歳の時に艮《うしとら》の金神《こんじん》が神懸《かんが》かりしたことで始まった。

お筆先とは、出口直に艮の金神が憑《つ》いてお供えの紙に筆で書かせたものを言う。それは出口直が書いたのだが、実は、直《なお》は字が書けなかったのだ。なので、その文字に直の意思は入らず、そのすべてが艮の金神によって書かれた文字なのだ。

だが、その文字は釘《くぎ》が折れたような下手な字で、ひらがなと少しの漢数字の羅列で読むのも一苦労するほどで、その意味を読み取るのも難しいものだった。

そこに、出口王仁三郎《でぐちおにざぶろう》（旧上田喜三郎《うえだきさぶろう》）が神に招かれ大本に入った。そして、読むのも大変なお筆先に、漢字や句読点を付け誰もが読めるようにした。

王仁三郎は、お筆先を読み解いて人々に伝えるために神に招かれた。それ故、お筆先を『大本神諭《おほもとしんゆ》』として纏《まと》め出版したことで、その役割を果たしたとは言える。

王仁三郎は、お筆先に漢字や句読点を付けたのだが、その一字一句に艮の金神の指示があった。それ故に、王仁三郎によって手を加えられた『大本神諭』もまさしく神の教えとなるものなのだ。

つまり、艮の金神は、出口直にわざわざ下手な字で書かせ、それをわざわざ王仁三郎に漢字や句読点を付けさせて人に読めるようにさせる、という二度手間をやっていたのだ。


だが何故、艮の金神はそんな二度手間を行ったのか？

悲しいかな大本では、そんなことを気にする者はいない。大本では、一番大事な神が一番等閑《なおざり》にされている。わざわざ神がそんな面倒なことをやって見せても、それを誰も疑問に思わない。


大本で一番大事なはずのお筆先が、大本の信者に顧《かえり》みられていないのだ。

だが、それは何故なのか？

それは、王仁三郎がお筆先を否定していたからだ。

開祖である出口直の教えを、直《なお》の死後、教祖となった王仁三郎がその教えをなし崩しにした。

そうやって大本は、お筆先という本来の教えではない王仁三郎の教えが大本に根付くことになった。

艮の金神が示したお筆先の《言葉》よりも、王仁三郎が神霊界で見聞きしたことが、大本教団の教えの根幹になったのだ。

お筆先に書かれていることと、王仁三郎がやっていることを比較してみよう。

大本神諭　七巻P一一　明治三十四年旧一月十六日
神懸《かんがかり》はいかんぞよ。

ここに《『神懸《かんがかり》は』やるな》とハッキリと書かれている。

大本神諭　六巻P一九九　大正六年旧正月二十二日
身魂《みたま》を磨《みが》かんと、悪《わる》い霊《れい》が憑《か》かりて悪《わる》く成《な》るから、

そして、その理由も書かれていた。王仁三郎は『身魂《みたま》』の『磨《みが》』きが足らず、それでは『悪《わる》い霊《れい》が憑《か》か』ってしまうから、『神懸《かんがかり》は』駄目だと言っていたのだ。

つまり、《王仁三郎は『悪《わる》い霊《れい》』から教えられた神霊界の話を信者に伝えていた》ということになる。

『悪《わる》い霊《れい》』が神霊界の本当のことを教えると思うかい？　さて、あなたはどう思う？

またある日、私が大本を訪ねたら、そこで病直しの講習をしていた。

当時の私は、『大本神諭』を読んではみたが分からないところが多く、疑問を解決したくて大本を訪ねたのだが、そこで何も分からないまま講習があるからと引き込まれて参加してみたら、そこで病

直しの作法を教えていたのだ。そんな活動があることはネットには書かれておらず、今でもそれが行われているのかも知れないのだが、当時は確かに病直しをやっていた。それは、どうやら王仁三郎が始めたことのようなのだ。

大本神諭　一巻P一二九　明治三十二年旧七月一日
大本《おほもと》の経綸《しぐみ》は病気直《やまいなお》しで無《な》いぞよ。

お筆先では、《『大本《おほもと》』は『病気直《やまいなお》し』はやるべきことではない》と教えているのに、それを嘲笑《あざわら》うかのように、病直しをやっていた。

『大本神諭』初心者だった当時の私でも、その程度のことは読み取れたのに、大本って教えに反することを平気でやるんだと、唖然《あぜん》としながらその講習を聞いていたのだ。
そんなわけで、『大本神諭』を読み解くには大本を頼ることはできないと、自ら読み解こうと心に決めた。
そうして、大本に隠された秘密が明らかになった。
何故、大本では神の教えと違うことをやっているのか？

それは、本来は善である王仁三郎が悪魔の役をやって、《悪魔はこんなやり方で神の教えを悪の教えへと変えてしまう》ということを実際にやって見せていたからだ。この活動を王仁三郎にやらせていたから、艮の金神は王仁三郎の活動の邪魔をするなと信者たちに言っていたのだ。

だが、この《悪魔の手口を見て騙《だま》されないようにしなさい》と教えるために行った王仁三郎に、大本の役員は完全に騙されてしまった。そして、そのまま悪魔の教えに落ちてしまったのだ。

大本の役員は、真剣になってお筆先を読み込まないから、王仁三郎の悪の教えに騙されたまま現在まで来ていたのだ。


一度、その方向に走り出してしまったら、途中で方向転換はできないのだろう。お筆先を一度読めば子供でも分かることを、大本の役員は「人間には神は分からん」と言って神を無下に扱い、人間である王仁三郎を聖師と仰いだ。

当時はまだ医療が発達していない時代だったから、病直しは宗教団体の信者集めには有効な手段だったのだ。

大本の役員は王仁三郎の方針に従い、神の言葉なんて金にならない研究をするよりも、信者（＝金）集めの実《じつ》を選択したのだ。

大本神諭　五巻P一九三〜　明治三十三年旧八月八日

皆《みな》は病《やまい》を治《なお》したら、大《おお》きな利益《おかげ》の様《よう》に思《おも》うて、神《かみ》を松魚節《かつおぶし》に致《いた》し、神《かみ》を床下《ゆかした》へほり込《こ》みて置《お》いて、神《かみ》の真似《まね》を人民《じんみん》が致《いた》して、エラソウにして居《お》るが、ソンナ小《ちい》さい仕組《しぐみ》じゃ無《な》いぞよ。

だが神は、そのことをお筆先でこのように語っている。

『神《かみ》を松魚節《かつおぶし》に致《いた》し』とは、《神を出汁《だし》にして》という意味で、《ここに凄い『神《かみ》』が居るぞと人を集めておいて、人間が神の言葉として語る》。それが神の言うことと違っていても、お構いなしの姿を見て、『神《かみ》を床下《ゆかした》へほり込《こ》みて置《お》いて、神《かみ》の真似《まね》を人民《じんみん》が致《いた》して、エラソウにして居《お》る』と言っていたのだ。

神は、お筆先で《世界中の宗教がこの状態になっているぞ》と教えるために、大本を悪の見本にして人々に見せたのだ。

私はこのことを知っていたから、キリスト教も悪に落ちていると理解したのだ。

そして、大本の信者と同じように、神に使われて振り回されるユダヤの民に、同病《どうびょう》（＝同神《おなじかみ》に）相憐《あいあわ》れむ思いだったのだ。

結局神は、《人々に間違いを見せることで間違いを教える》というトンデモナイ教育方針を採用するトンデモナイ存在だったのだ。だから、「ふざけんな馬鹿野郎！　そんなの分かるわけがないだろっ！」って言いたくなるのが普通の感覚だろう。だが、お筆先を読めばそのことは、懇切丁寧に細部にわたって明瞭に書き記されていたのだ。

大本神諭　一巻P二四　大正六年旧正月二十三日
世界《せかい》に罪悪《めぐり》の多《おお》い国《くに》には、それ丈《だ》けの戒《いまし》めが、ビシビシと出《で》て来《く》るから、出口直《でぐちなお》にモウ一度細々《いちどこまごま》と、ある処《とこ》を申《もう》してやるぞよと、筆先《ふでさき》に書《か》いて知《し》らしてあるぞよ。何事《なにごと》も前《まえ》つ前《まえ》つにくどう知《し》らしめ、気《き》を付《つ》けてあるから、世界《せかい》から何事《なにごと》が出来《でき》て来《き》ても、神《かみ》と直《なお》に落度《おちど》はモウ在《あ》ろまい。

神が、『神《かみ》と直《なお》に落度《おちど》はモウ在《あ》ろまい』と言うほどに、『細々《こまごま》と』『筆先《ふでさき》に書《か》いて知《し》らしてある』と言っている。だからもう、《お筆先を本気で読もうとしない人間の方が悪い》という話なのだ。

《神の真実はすべてお筆先に書かれている》と、神が言っていたのだ。これを読み解かなければ、人類は何も分からず《迷《まよ》える子羊《こひつじ》》のままに置かれることになる。それこそ、何も知らずにいれば、「ふざけんな馬鹿野郎！」と叫びながら死んで行くような未来がすぐに来てしまうのだ。

だから、お筆先の解説本を先に書いておいたのだ。

ところで、艮の金神は何故、二度手間なことをやったのか？

この問いの答えを出していなかったので、ここで説明しておこう。

二度行った理由は、神がお筆先を降ろして、それを人間が読み解く、ということを型に見せて教えるためだったのだ。

言ってしまえば、何とも当たり前のことを言っているように思うだろう。

だが、これまでの解説を思い返せば分かるだろう。神の言葉はこれまで、人に相手にされていなかったのだ。宗教者は、神のことを語っているようで、実は人間の都合を語っていただけなのだ。ユダヤ教でもキリスト教でも、神の教えより「戒律」という人間の都合が優先されていた。

そして大本でも、『大本《おほもと》の経綸《しぐみ》は病気直《やまいなお》しで無《な》い』と神が言っているのに、一生懸命『病気直《やまいなお》し』に縋《すが》る人間の姿があった。

《宗教者は、教会で神のことを語っていると誰もが思っていただろう。けれど、神から言わせれば、神のことなど何も語ってはいなかったのだ》と、大本を見本に見せて教えていた。

大本では、お筆先を『大本神諭』として纏《まと》めただけで、誰もこれを読み解こうとはしていなかったのだ。艮の金神はそれを分かっていたから、それを読み解けとわざわざ人間に型に見せたのだ。

お筆先が降ろされてから一〇〇年、綾部《あやべ》の大本から遠く離れた駿河《するが》の地で、私は艮の金神から与えられた《お筆先を読み解く》という御用を果たし、その成果を本にして出版した。だが、それでもまだ御用が済んでいないと気付いて、この本を出版することになった。大本の神の経綸《しぐみ》は、《二度ある》のがお約束であったのだ。

王仁三郎が大本で成そうとしたのは、アインシュタインの発想と同じだ。《この世界を探求することで神が分かる》という考えなのだ。それは、大本の宗教団体としての存在意義を示した『大本教法』に書かれている。

だがこう言えば、《キリスト教の歴史的問題》の項で語った《《この世界を探究することで神を解明できる》とするアインシュタイン時代の科学者の神に対するアプローチは、本来、宗教者こそがやるべきことだったのだ》と語ったことを大本教団がやろうとしているのだから、善かったではないかと言いたくなるのだが、残念ながら王仁三郎は《お筆先（＝唯一神）》を無視したところで、神を分かろうとする手法だったのだ。つまり、アインシュタイン（＝科学者）の探究方法と何も変わらないやり方だったのだ。

こういうところが見えて来ると、悪魔は神の言葉の隙《すき》を突いて間違いを差し込むのが上手《うま》いと分かるだろう。

故に、お筆先を読み解くのも、そこに書かれた言葉をあらゆる方向から明示的に検討して、この言葉はこの意味だろうと仮定して他の言葉と矛盾がないかを確認する、というような気の遠くなる作業の連続で解明していく必要があったのだ。

お筆先は、「さすが神！」と言いたくなるほど、ただ読むだけでは何も分からないように書かれていた。だから大本で、毎朝の礼拝で『大本神諭』を読み上げているけれど、結局何も分からないままに王仁三郎の死後も同じことを繰り返すばかりだったのだ。

それ故に大本では、お筆先のことは語れない。お筆先の方向性と大本教団の目指すところは、まったく違っていたのだ。

なので、大本の話はここで終わることにしよう。

# 第三章　終わりは始まっている

## お筆先が世に出るとき

お筆先の名は知っていても、一度でも読んだことがある人は日本人でも一パーセントもいないのではないかと思われるのがお筆先だ。

しかし、何故これほど、お筆先が世に知られていないのか？

それは、お筆先を降ろされた大本《おほもと》がお筆先を読み解けず、その価値をまったく理解していないからだ。そのおかげで、お筆先は今でもマイナーなまま置かれている。

そんな状況にあるお筆先について語ろう。

ただ、前項で大分語ったので、それ以外のところを軽く話す。

お筆先は、艮《うしとら》の金神《こんじん》が憑《つ》いて出口直が書いたものを言う。この原本は非売品だ。

お筆先は現在、王仁三郎によって人の読めるものになり、それは『大本神諭』七巻にまとめられ、綾部と亀岡の大本本部《おほもと》の売店で販売されていて、大本の信者でなくても購入可能となっている。そして、遠隔地でも電話で注文すれば郵送してくれるので、連絡先等はネットで調べてほしい。

そして、近年になって《神島開き一〇〇周年》を記念して出版された『伊都能売神諭《いづのめしんゆ》』は、出口王仁三郎に艮の金神が憑《かか》って書かせたもので、同じ神からのものなので、これもお筆先としている。

この『伊都能売神諭』は、『大本神諭』を読んでも今ひとつ明確にならなかった所が分かるようになったという意味では、お筆先の最終の回答編とも言えるものなのだ。

ただ、お筆先が降ろされた大本《おほもと》では、お筆先の解読はあまりされていない。それは、大本のもう一つの経典である出口王仁三郎の『霊界物語《れいかいものがたり》』の解読が優先されていて、お筆先については私とはまったく違う解釈になっている。ここでも、《神の言葉（＝お筆先）のみで読み解く》というルールを大本が理解していないことが原因だ。

なので、お筆先の内容について、本書で読んだことを大本教団に確認するようなことはやめてほしい。大本では回答できないことなのだ。

また、『新約聖書』の解釈についても、本書で読んだ内容をキリスト教の教会に質問しても、お互いに歩み寄るようなことにはならないだろう。

それは、キリスト教の神父や牧師に『新約聖書』について、あらゆる角度から様々な疑問をぶつけていくと、最後には壊れたレコードのように、教会における模範解答を繰り返すだけになってしまうからだ。

大本の役員もキリスト教の役員も、彼らは自ら望んで洗脳されたからこそ、その役職に就けた。なので、曇《くも》り無《な》き眼《まなこ》（笑）で、素直な疑問を遠慮なくぶつけてしまうと、彼らは想定外の質問にエラーを起こすのだ。つまり、現在の宗教は想定の範囲を超えたら対処できないと、彼らの対応から証明されてしまった。

だが、この先の未来は、これまでに無いことが起こるのだ。

## きみたちはどう生きる？

マタイによる福音書　第二十四章21節（大《おお》いなる苦《くる》しみ）
その時《とき》には、世《よ》の初《はじ》めから今《いま》に至《いた》るまでかつてなく、また今後《こんご》もないような、大《おお》きな苦《く》難《なん》が起《お》こるからである。

この福音を読めば分かるだろう。
これまで経験したことのない苦難が起こるとある。

今の教会がそれに対処できるのか？
現状がまだまだ続くと信じて、『その時《とき》』のことなど何も考えてはいないだろう。
それどころか、この世界を滅ぼそうとしている存在こそが悪魔で、教会はそれを阻止するために活動している。これこそが宗教者の正しいスタンスだと主張するだろう。

だがそのあり方は、『その時《とき》には、世《よ》の初《はじ》めから今《いま》に至《いた》るまでかつてなく、また今後《こんご》もないような、大《おお》きな苦難《くなん》が起《お》こるからである』と、《神が言っているのだからそれは確実に起こることなのだ》と、そういう背景を以《もっ》て語ったイエスの言葉を真っ向から否定している。

彼らは自分たちの努力で、神が語る未来を回避できると考えている。

未来は変えられると信じて、イエスの言葉を否定するあなたは何者なのか？

でもこれも、彼らなりの言い分はあるのだろう。「『大《おお》きな苦難《くなん》が起《お》こる』のは、悪い行いをしている者たちがいるからで、我々が悪い行いをする者たちを回心《かいしん》させれば、神が苦難を与えることはない」と言えばそんな考えもあると思える。

だがこれは論点がズレている。回避不能故《ゆえ》に、神の言葉は預言であるはずなのだ。だが、そんなことを言っても、キリスト教の信者もこの世界に生まれ明日を信じて生きるしかないのだから、教義を教える者も、信者の思いを無視するわけにはいかないのだ。

しかし、彼ら自身も心の底では預言が回避不能だと知っているはずなのだ。

なので、これらの問題も、あとでジックリと語っていこう。

ついつい、話が脇に逸《そ》れる。お筆先の話をしていたはずだ。そこに戻ろう。
『伊都能売神諭』が、近年になって出版されたということが重要な鍵になる。

大本では、《神島開き一〇〇周年》の記念事業の一つとして『伊都能売神諭』の出版を企画し実行したと思われる。大本の役員は、出口王仁三郎聖師《せいし》に艮の金神が憑《かか》って書かれたお筆先を、記念事業の目玉として出版を決めたのだろう。だが、この出版によって大本では、これまで信者に教えて来たことを、あれこれと修正しなければならない事態になった。

この状況を見れば、この出版を決めた役員の意志に、神が裏から関与していたと分かる。

神は、『開《ひら》くる時《とき》をすくふべき　教《をしへ》をのこすおん慈悲《じひ》の』と、そう言葉を残しておきながら、その教え自体が長い間読み解けない状態にされていた。

しかし、『伊都能売神諭』の出版を機に、ついに読み解かれることになった。

だが、それで分かったことは、《それが読み解かれた時こそが最後の審判の時が来た》というサインだったのだ。

お筆先やイエスの言葉が、最後の『大《おお》きな苦難《くなん》』の時へと収束してゆく。

そこに至った時にこそ、イエスの言葉は意味を成す。
あなた自身の意識を『その時《とき》』に置き、そこでイエスの言葉の真実を見極めてほしい。
終わりを告げるみ使いは、既にあなたの前にいるのだ。

# 今、この時

今はもう、クライマックス直前、嵐の前の静けさの時だ。

たとえロシアとウクライナが戦争をしていようと、中国が世界中を引っかき回そうと、北朝鮮がミサイルを飛ばそうと、あちらこちらで紛争をしていようと、そんなことはこれから起こることに比べたら些細《ささい》なことだと思うだろう。

そう思えるようなことが、これから起こる。そんなクライマックスの時のことを話そう。

それを語る福音がこれだ。

マタイによる福音書　第二十四章27～30節（再臨《さいりん》の徴《しるし》）
稲妻《いなずま》が東《ひがし》から西《にし》まで閃《ひらめ》き渡《わた》るように、人《ひと》の子《こ》の来臨《らいりん》もまたそのようである。死体《したい》のある所《ところ》には禿鷹《はげたか》が集《あつ》まる。この苦難《くなん》の日々《ひび》が過《す》ぎ去《さ》るとたちまち、
太陽《たいよう》は暗《くら》くなり、
月《つき》は光《ひかり》を失《うしな》い、
星《ほし》は天《てん》から落《お》ち、
天《てん》のもろもろの力《ちから》は揺《ゆ》れ動《うご》く。

その時、人《ひと》の子《こ》の徴《しるし》が天《てん》に現《あらわ》れる。するとその時《とき》、地上《ちじょう》のすべての民族《みんぞく》は悲《かな》しみ、人《ひと》の子《こ》が大《おお》いなる力《ちから》と栄光《えいこう》を帯《お》びて、天《てん》の雲《くも》に乗《の》って来《く》るのを見《み》る。

この福音の小見出しには『再臨《さいりん》』とあり、参照した本文の一行目には『来臨《らいりん》』とあって、何故、違う言葉が使われるのか?

キリスト教徒は、過去から答えを見つけ出そうとして、私とは違う状況を想定しているようだが、キリスト教徒の予想通り、これは《イエスは二度現れる》ことを示している。

『来臨《らいりん》』と『再臨《さいりん》』の二つの言葉があることで、この福音に二つの場面が語られていることを明確にしている。

時系列的に最初のシーン。

『稲妻《いなずま》が東《ひがし》から西《にし》まで閃《ひらめ》き渡《わた》るように、人《ひと》の子《こ》の来臨《らいりん》もまたそのようである』と語られ、『死体《したい》のある所《ところ》には禿鷹《はげたか》が集《あつ》まる』と語られる状況は、日本の綾部の大本《おほもと》に大峠《おおとうげ》が来た時のことを伝えている。

イエスは最初に、綾部の大本に現れる。それが『来臨《らいりん》』だ。ただ、この時には『閃《ひらめ》き渡《わた》る』という現象があったとしても、イエスの姿を見ることはないだろう。その後に《大本に大峠が来た》という事実が出現する。

続いて、『太陽《たいよう》は暗《くら》くなり』から宇宙の激変が語られ、『人《ひと》の子《こ》の徴《しるし》が天《てん》に現《あらわ》れる』と、『地上《ちじょう》のすべての民族《みんぞく》は悲《かな》しみ』と、言葉の通りに事態は進む。

だが、『地上《ちじょう》のすべての民族《みんぞく》は悲《かな》しみ』と語られたこの言葉で、地球上の生命は全滅する。

地上でも上空でも地下のシェルターでも海の中でも、一切の命が消える。地球だけでなく、月や火星に逃げても、宇宙の激変に巻き込まれ塵《ちり》と消えるのだ。

人々は、そうなった後で、『人《ひと》の子《こ》が大《おお》いなる力《ちから》と栄光《えいこう》を帯《お》びて、天《てん》の雲《くも》に乗《の》って来《く》るのを見《み》る』。

つまり、死後の世界にすべての人々が集められ、そこでイエスの『再臨《さいりん》』の場面となるのだ。

この時には、イエスは姿を見せる。ただ霊体で現れるので、その姿については実際に見てみなければ分からないのだ。

最後の審判は、肉体を持って生きる人間だけに与えられるものではない。既に死んだ人々も審判の対象だ。だから、最後の審判は死後の世界で行われる。

そして、もう一つ。

キリスト教徒は理解しているだろう。

『人《ひと》の子《こ》が大《おお》いなる力《ちから》と栄光《えいこう》を帯《お》びて、天《てん》の雲《くも》に乗《の》って来《く》るのを見《み》る』ということは、イエスは最後の審判の実行者として人々の前に現れる。

マタイによる福音書　第三章11節（洗礼者《せんれいしゃ》ヨハネの宣教《せんきょう》）
その方《かた》は聖霊《せいれい》と火《ひ》で、あなた方《がた》に洗礼《せんれい》をお授《さず》けになる。

この福音の『その方《かた》』とはイエス。なので、イエスは『聖霊《せいれい》と火《ひ》で、あなた方《がた》に洗礼《せんれい》をお授《さず》けになる』。

一般に《洗礼を受ける》と言えば、《キリスト教に入信する》という意味だろう。

だが、この時のイエスの洗礼は、そんな生易《なまやさ》しい話ではない。この洗礼は、最後の審判の時に行われる洗礼なのだ。

なので、あなたはこの時、『聖霊《せいれい》』もしくは『火《ひ》』と対峙《たいじ》することになる。

キリスト教徒は、《わたしは入信しているのだから大丈夫、最後の審判を無事に乗り越えられる》なんて思っていると、とんでもない目に遭《あ》うことになる。これについては、読み進めて行けば分かることになるだろう。

神からすれば、人類の滅亡は、最後の審判に向けた通過点に過ぎない。なので、それを殊更に強調することはない。故に、『地上《ちじょう》のすべての民族《みんぞく》は悲《かな》しみ』と、こんな言葉で人類の滅亡が通り過ぎて行く。なので、福音書を読むにもよっぽど気を付けて読み進めなければ、素通りした言葉に込められた神の計画をうっかりと読み損なってしまうのだ。

本書では、お筆先をなるべく参照しない方向で進めていく。私がお筆先で理解したことを、福音書を使って解説する。だが、福音書にすべてが語られているわけではないので、その部分についてはお筆先を参照しよう。

# 我々の置かれている状況

福音書にはこんな言葉がある。

マタイによる福音書　第二十四章8節（神殿崩壊《しんでんほうかい》の予告《よこく》と徴《しるし》）

これらはすべて産《う》みの苦《くる》しみの始《はじ》まりにすぎない。

『神殿崩壊《しんでんほうかい》』の時が近づけば、我々は『産《う》みの苦《くる》しみの始《はじ》まり』という状況になる。

だがこれは、何をイメージした言葉なのか？

これは、我々が置かれた状況を語っている。

それは、我々が出産直前の状態にあることを教えていたのだ。

つまり、《我々は胎児としてこの世界にいる》と理解するべきなのだ。

こんな話を聞けば、次の福音と関連付ける人もいるかも？　と思うので出してみよう。

マタイによる福音書　第十九章27～29節（一切《いっさい》を捨《す》てる者《もの》の幸福《こうふく》）

すると、ペトロが口《くち》を挟《はさ》んで、イエスに言《い》った、「わたしたちは一切《いっさい》を捨《す》てて、あなたに従《したが》ってきました。いったい、何《なに》を頂《いただ》けるのでしょうか」。イエスは彼《かれ》らに仰《おお》せになった、「あなた方《がた》によく言《い》っておく。新《あたら》しい世界《せかい》が生《う》まれ、人《ひと》の子《こ》が栄光《えいこう》の座《ざ》に着《つ》くとき、わたしに従《したが》って来《き》たあなた方《がた》も十二《じゅうに》の座《ざ》に着《つ》き、イスラエルの十二部族《じゅうにぶぞく》を裁《さば》くであろう。また、わたしの名《な》のために、家《いえ》、兄弟《きょうだい》、姉妹《しまい》、父《ちち》、母《はは》、子《こ》、畑《はたけ》を捨《す》てた者《もの》はみな、そのいく倍《ばい》もの報《むく》いを受《う》け、永遠《えいえん》の命《いのち》を受《う》け継《つ》ぐ。

この福音に『新《あたら》しい世界《せかい》が生《う》まれ』とあって、『新《あたら》しい世界《せかい》（＝天国）が生《う》まれ』る前に最後の審判という『産《う》みの苦《くる》しみ』があると考えるのが一般的だろう。未来がそうなることに間違いはない。

だが、この福音の『新《あたら》しい世界《せかい》』を《天国》と決めるのは、話の流れから見て違うと分かる。

それは、この『人《ひと》の子《こ》が栄光《えいこう》の座《ざ》に着《つ》く』所が天国であれば、天国に入る前に最後の審判は終わっているはずで、『イスラエルの十二部族《じゅうにぶぞく》』は既に裁かれた後になるので、そこで『裁《さば》くであろう』という言葉が出てくるのは状況に合わず、何かが違うと分かる。

こんな理由から、この『新《あたら》しい世界《せかい》』は《天国ではない》と結論する。

お筆先を読めば、《悪魔に支配されていた大本《おほもと》に大峠が来て、大本が悪魔から解放され、そこに神域が造られ天国に行くべき者たちが集められる》と書かれている。

この話を理解した上で先ほどの福音を解釈すれば、『新《あたら》しい世界《せかい》』とは《大本に造られる神域》のことだと分かる。

この二つの福音が何を語っているのか、そこを明確にしておこう。

第二十四章8節《マタイによる福音書》(神殿崩壊《しんでんほうかい》の予告《よこく》と徴《しるし》)と第十九章27〜29節《マタイによる福音書》(一切《いっさい》を捨《す》てる者《もの》の幸福《こうふく》)は、世の終わりの時の話ではあるが(神殿崩壊《しんでんほうかい》の予告《よこく》と徴《しるし》)は、引用していない部分も含めて全部が地上での話で、(一切《いっさい》を捨《す》てる者《もの》の幸福《こうふく》)は霊界に行ってからの話なので、時系列も違い、話の内容としても別物なのだ。

イエスの言葉は、この世界と霊界を区別して語っておらず、それが原因で分かりにくいのだが、これも本書で明確にしていこう。

第十九章27〜29節《マタイによる福音書》(一切《いっさい》を捨《す》てる者《もの》の幸福《こうふく》)について、もう少し話そう。

《霊界の大本に造られた神域》で、天国の予行演習が行われ、そこで、イエスと弟子たちの配置が決められる。このことを『人《ひと》の子《こ》が栄光《えいこう》の座《ざ》に着《つ》くとき、わたしに従《したが》って来《き》たあなた方《がた》も十二《じゅうに》の座《ざ》に着《つ》き』と語っていたのだ。

そうやって、善の魂の者が集結して、これまで悪を働いていた『イスラエルの十二部族《じゅうにぶぞく》を裁《さば》く』。

これまで、悪にやられっぱなしだった善が、ここでやっとやり返せる時が来たのだ。

その後に続く福音の言葉については、また後で語ろう。

仕切り直して、この項の最初に戻ろう。

『産《う》みの苦《くる》しみの始《はじ》まり』とは、《我々は産まれる直前だ》と教えていたのだ。

なので我々は、《胎児》という状態で、《子宮の中で生きている》ということになる。


では、我々が胎児であるならば、子宮とは何に当たるのか？

実は、この宇宙は閉じられた世界で、無限に広がっているように見えるこの宇宙全体が、子宮の中だったのだ。


人が天国へ行くには、『産《う》みの苦《くる》しみ』という『大峠《おおとうげ》』を越えて行かなければならない。

人は、陣痛を伴いながら《狭い産道》を通って天国へと向かう。

故に、イエスはこんな話をしていた。

マタイによる福音書　第十九章14節（天《てん》の国《くに》と幼子《おさなご》たち）
幼子《おさなご》たちが、わたしのもとに来《く》るのを妨《さまた》げてはならない。天《てん》の国《くに》は、このような者《もの》たちのものだからである。

この福音は、《天国に行ったら、我々は赤ん坊だよ》と伝えていた。

つまり、《天国に行く前の我々は、胎児だよ》という話なのだ。

産まれるのは天国ではなく、我々自身だった。


人間の胎児も子宮の中では、親の声は聞けても姿を見るのは不可能だと分かるだろう。

それと同じように、我々は神の言葉を聴けても、神の姿を見ることはできなかったのだ。

つまり、『初《はじ》めにみ言葉《ことば》があった』とは、我々がそういう状態にあると教えていたのだ。

筆先では、それを次のように語っている。

大本神諭　五巻P一二〇　明治三十六年旧五月一日
時鳥《ほととぎす》　声《こえ》は聞《き》けども姿《すがた》は見《み》えぬ、艮《うしとら》の金神《こんじん》は隠《かげ》から守護《まも》りて居《お》りたなれど、

神を『時鳥《ほととぎす》』に譬《たと》えて、神は、人間には『声《こえ》は聞《き》けども姿《すがた》は見《み》えぬ』と言って、《人間は、子宮の中にいる状態なのだ》と教えていた。

神の立場からすれば、《そのように見立てていたから、神は人の前に姿を現さなかったのだ》という話なのだ。

人間の置かれた状況が、現在このようなものである、ということを理解しよう。

人間の胎児も、出産して初めて人間として生きていける。

我々も、神の子として命を得ていた。だが、子宮から出るまでは胎児であり、それは、神未満という状態なのだ。

我々も、子宮から産まれ出ることで、神の子として神の社会を生きて行くことになる。

天国は子宮の外にあった。子宮の外が神の国だったのだ。

それ故、神の国に出るための《子宮口を開く》という状況が、『開《ひら》くる時《とき》をすくふべき　教《をしへ》をのこすおん慈悲《じひ》の』と唄《うた》った、『開《ひら》くる時《とき》』という言葉がそのままその通りの状況を語っていた、ということなのだ。

ここまでに参照した言葉は少ないけれど、真実は、神の言葉がつながって浮き彫りにされると分かるだろう。一つの理解が次の理解を生み、次の理解が更なる理解を促す。このことが分かってきたなら、神の言葉をじっくりと捉え直す必要があると思えてくるだろう。

ところで、宇宙が子宮であるならば、地球は何に当たると思うだろうか?

そう考えると、地球とは胎盤で、重力がへその緒となるのだろう。

今、人類は宇宙への進出を加速している。

それは、人間がへその緒を断ち切ろうとしている、とも言える行為だ。

だが、子宮から出てもいないのに、胎児が自らへその緒を断ち切ってしまったらどうなるだろう？

それは、自殺行為だ。

月ならまだ地球の重力圏内だろう。だが、火星は圏外だ。

だから、神は、そうなる前にこの世界を終わらせる。

それが、九分九厘の時が来た、ということなのだ。


悪霊どもは、地球の未来に危機を感じ、宇宙に活路を見出そうとしている。そのために、人間に技術開発を急がせる。

だが、神からすれば、人類は急速に科学技術を発展させ、終わりの時を目の前に引き寄せてしまった、ということになるのだ。

# 大本の大峠

《今、この時》の項で、『来臨《らいりん》』として大本《おほもと》の大峠に触れた。しかし、その内容については話していないので、ここで語ることにしよう。これは日本で起こることで、『聖書』には前に参照した以上のことは書かれていない。

なのでここは、お筆先から引用する。

伊都能売神諭　P一四八〜　大正八年一月二十五日
世界《せかい》の大峠《おおとうげ》が来《く》るまでにこの大本《おほもと》の中《なか》に大峠《おおとうげ》があるぞよ。大本《おほもと》のことは神界《しんかい》の仕組《しぐみ》であるから世界中《せかいじゅう》へ写《うつ》るぞよ。

『大本《おほもと》の中《なか》に大峠《おおとうげ》がある』とは、どういう状況なのか?

この言葉から連想すると、物理的に破壊されるというよりも、『大本《おほもと》』が内部崩壊していくようなイメージを持つ。だが、前に引用した第二十四章《マタイによる福音書》の28節（再臨《さいりん》の徴《しるし》）には、『死体《したい》のある所《ところ》』とあるのだから物理的な破壊もある。

多分、大本に物理的な破壊が来る前に、大本内部が大混乱するような争いが起こることを示唆しているのだろう。
大本が大混乱する原因は、次のお筆先にある。

大本神諭　二巻P一一一　大正元年旧十月五日
綾部《あやべ》の大本《おほもと》は、遠国《えんごく》から開《ひら》けて来《く》るぞよと申《もう》してあろうがナ。何《なに》も違《ちが》わん、遠国《えんごく》から早《はや》く解《わか》る人《ひと》が出《で》て来《く》るから、近傍《ひじね》の人《ひと》が恥《は》ずかしき事《こと》が出来《でき》ると申《もう》して、筆先《ふでさき》に書《か》いて知《し》らしてあろうがな。

綾部から遠く離れた『遠国《えんごく》』からお筆先を『解《わか》る人《ひと》が出《で》て』、お筆先が示す道（＝教え）が『開《ひら》けて（＝明確になって）』、お筆先を降ろされた大本が実は何も分かっていなかったと暴《あば》かれる。それによって、これまで大本を牛耳っていた権威が失墜して、複数の新たな勢力が立ち上がって覇権争いを始めれば、大本の中は大混乱となるだろう。
それが『世界中《せかいじゅう》へ写《うつ》』って、権力闘争、民族紛争、国家間戦争となって現れる。だが、その時にはもう世界はどん詰まりとなって、大本のことも世界のことも、あらゆることが一度に現れて来る。

マタイによる福音書　第二十四章6節（神殿崩壊《しんでんほうかい》の予告《よこく》と徴《しるし》）
戦争《せんそう》の騒《さわ》ぎや戦争《せんそう》のうわさを聞《き》いても、慌《あわ》てないように注意《ちゅうい》しなさい。そういうことは確《たし》かに起《お》こる。

イエスも、《戦争はある》と言っている。しかし、ここで語る戦争はこれまでの戦争とは違う。世界は第二次世界大戦以降、日本の武力が行使される戦争は行われていない。だが、この戦争は、日本が絡む戦争となるのだ。

大本に大峠が来ると、日本は大変な局面を迎える。

まずは、大本の大峠について書かれたお筆先から引用しよう。

だがそれは、これまで同様「これが?」と言いたくなるような言葉なのだ。

大本神諭　五巻P六　明治三十一年旧七月十六日

綾部《あやべ》には竜門館《りゅうもんやかた》があるから、珍《めずら》しき事《こと》を致《いた》すのであるぞよ。舞鶴《まいづる》、福知山《ふくちやま》は外囲《そとがこ》いであるぞよ。綾部《あやべ》にはチト大望《たいもう》な事《こと》を致《いた》すから、綾部《あやべ》は世界《せかい》にない良《よ》き処《とこ》になるぞよ。

大本神諭　一巻P一九七　明治二十七年旧正月三日

此《こ》の村《むら》は因縁《いんねん》の有《あ》る村《むら》であるから、人民《じんみん》の住居《すまい》の出来《でき》ん村《むら》であるぞよ。燈台下《とうだいもと》は真暗黒《まっくらがり》、遠国《えんごく》から判《わか》りて来《き》て、アフンと致《いた》す事《こと》が出来《でき》るぞよ。

綾部《あやべ》は世《よ》の本《もと》の大昔《おおむかし》から、神《かみ》の経綸《しぐみ》の致《いた》してある結構《けっこう》な処《ところ》であるから、

大本神諭　一巻P三五　明治二十五年旧正月

福知山《ふくちやま》、舞鶴《まいづる》は外囲《そとがこ》い。十里四方《じゅうりしほう》は宮《みや》の内《うち》。綾部《あやべ》はまん中《なか》になりて、

『五巻P六』では、『綾部《あやべ》は世界《せかい》にない良《よ》き処《とこ》になる』とあり、『一巻P一九七』では、『綾部《あやべ》は世《よ》の本《もと》の大昔《おおむかし》から、神《かみ》の経綸《しぐみ》の致《いた》してある結構《けっこう》な処《ところ》である』とあるのだから、素直に《綾部は結構な良い所だ》と思うのかもしれない。大本《おほもと》の役員は、御目出度《おめでた》い人たちばかりだから、こんな神の言葉に誤魔化《ごまか》されて安心して、そこに書かれた意味をそれ以上追究しないのだ。

でも、『綾部《あやべ》にはチト大望《たいもう》な事《こと》を致《いた》すから』と書かれた『大望《たいもう》な事《こと》』とは、『大峠《おおとうげ》』のことなのだ。だからその時には、『此《こ》の村《むら》は因縁《いんねん》の有《あ》る村《むら》であるから、人民《じんみん》の住居《すまい》の出来《でき》ん村《むら》であるぞよ』と書かれた通り、《大峠の後は人が住めない所になる》。

そして、『一巻P三五』では『十里四方《じゅうりしほう》は宮《みや》の内《うち》』と、『一巻P一九七』の人の住めない『此《こ》の村《むら》』という『宮《みや》の内《うち》』の範囲が示されている。その『宮《みや》の内《うち》』は、『綾部《あやべ》』を『まん中《なか》』として『十里四方《じゅうりしほう》』の『外囲《そとがこ》い（＝外周部）』に『福知山《ふくちやま》、舞鶴《まいづる》』があると言う。

実際に日本地図を見ると、綾部から舞鶴は二十キロメートルくらいで五里ほど、綾部から福知山は

十キロメートルくらいの二里半ほどで、歪んではいるがそこが外周部になるのだろう。これで、北は舞鶴、西は福知山と二つの方向については分かった。だが、南と東は何所《どこ》になるのか？

伊都能売神諭　Ｐ九六　大正八年一月二日（旧大正七年十二月一日）
日《ひ》の出《で》の守護《しゅご》となると、めぐりの深《ふか》い国々《くにぐに》、所々《ところどころ》、家々《いえいえ》、人々《にんにん》に火《ひ》の雨《あめ》が降《ふ》ると申《もう》して、昔《むかし》から愛《あい》の土山雨《つちやまあめ》が降《ふ》ると申《もう》して謳《うた》を作《つく》りて、神《かみ》から気《き》が付《つ》けてありたなれど、

伊都能売神諭　Ｐ一五三～　大正八年一月二十七日（旧大正七年十二月二十六日）
宇宙《うちゅう》の塵埃曇《ちりごみくも》り汚《よご》れを掃《は》き祓《はら》う、神《かみ》の経綸《しぐみ》の箒星《ほうきぼし》、不意《ふい》に出現《しゅつげん》する時《とき》は、天津大空澄《あまつおおぞらす》み渡《わた》り、神《かみ》の威勢《いせい》の強《つよ》くして、空《そら》に懸《か》かれる群星《むれぼし》は、天《あま》の河原《かわら》に集《あつ》まりて、

『Ｐ一五三～』の『神《かみ》の経綸《しぐみ》の箒星《ほうきぼし》』とは彗星《すいせい》で、『空《そら》に懸《か》かれる群星《むれぼし》』とは火星と木星の間にある大量の小惑星だ。

『Ｐ九六』の『火《ひ》の雨《あめ》』とは、大小様々な小惑星の一団が『群《むれ》』となって地球に落ち、大気に焼かれて『火《ひ》の雨《あめ》』となる。その『火《ひ》の雨《あめ》』が、『愛《あい》の土山《つちやま》』から『福知山《ふくちやま》、舞鶴《まいづる》』の方向に向かって落下していく。

ネットの地図で見れば、《道の駅　あいの土山》が出てくる。その辺りがお筆先が言う『愛《あい》の土《つち》

山《やま》』なのだろう。

滋賀県甲賀市の『愛《あい》の土山《つちやま》』の南東側から、北西方向の舞鶴・福知山まで、大量の隕石《いんせき》が降り注ぐ。

そうやって、京の都も滋賀の大津も大災害に見舞われる。

そうして、綾部の大本から二里半ほど東に移動した中心から『十里四方《じゅうりしほう》』は、重なり合うクレーターが地形を変えて生き残る者は無し。その周囲にもクレーターが穴を開け、更にその周囲も爆発の衝撃波や熱波で甚大な被害となる。

日本は、下から袈裟《けさ》斬りにされて京都で東西に分断される。

これが、大本の大峠なのだ。そうして、《龍体の子宮（＝日本列島の琵琶湖）》が破水する。

これが起こるのは、令和八年（二〇二六年）の三月か四月だ。

この災害が発生する時期は、お筆先を読み解くことで導き出した。その根拠については、前作の『神降臨　本当の神が現れる』という本で解説しているので、興味があればそちらを読んでほしい。

この大規模災害を見た世界中が、日本への緊急支援に動き出す。

真っ先に動くのは、中国、そして、ロシア、北朝鮮。彼らは支援という名目で、日本へ大量の軍を派遣する。

ロシアもウクライナとの戦争と言ってもこの時まで続けているのかは知らんが、戦争を急遽《きゅうきょ》適当に和解して切り上げ、災害に見舞われた日本へと向かう。

彼らの目的は、誰が見ても明らかだろう。

それに対抗するため、アメリカ、ヨーロッパ、中東、アジアの国々も日本へ軍を派遣する。

『死体《したい》のある所《ところ》には禿鷹《はげたか》が集《あつ》まる』、この『禿鷹《はげたか》』とは、諸外国の軍隊だ。

そうして日本は、災害復旧すらできず、為《な》す術《すべ》もなく戦場となる。

大本神諭　三巻Ｐ一七四　大正六年旧十一月二十三日
がいこくの悪神《わるがみ》が今《いま》に仲直《なかなお》りを致《いた》したら、今度《こんど》は腹《はら》を合《あ》わして、一《ひと》つになりて攻《せ》めて来《く》るから、日本神国《にほんしんこく》の人民《じんみん》は、判《わか》りたものから用意《ようい》を致《いた》して下《くだ》されよ。

大本神諭　三巻Ｐ二一八　大正七年旧正月十二日
向《むこ》うの国同士《くにどうし》が、戦争《いくさ》は到底叶《とうていかな》わんと申《もう》して、可《よ》い加減《かげん》な事《こと》で仲直《なかなお》りを致《いた》して、一腹《ひとはら》に成《な》って、今度《こんど》は日本《にほん》へ押《お》し詰《つ》めて来《く》るから、日本《にほん》の守護神《しゅごじん》も人民《じんみん》も腹帯《はらおび》を占《し》めて掛《か》からな、万古末代《まんごまつだい》取《と》り返《かや》しの出来《でき》ん事《こと》になるぞよと申《もう》して、明治《めいじ》二十五年《ねん》から出口直《でぐちなお》の手《て》を籍《か》り、口《くち》を籍《か》りて知《し》らして置《お》いた事《こと》の実地《じっち》が迫《せま》りて来《き》たぞよ。

中国もロシアも北朝鮮も、この時が来るのは分かっていた。

人間には分からなくても、彼らを守護する悪霊には分かっていたのだ。

それ故、国のトップが変わらないよう万全の体制を整え、軍備も増強し、訓練を繰り返し万全の体制を構築していた。

彼らには、これが地上における最終最後の決戦の時だと分かっていたのだ。

そうやって、敵も味方のはずの国も日本を盗《と》りに集結《しゅうけつ》する。何故そんなことになるのか？

それは、日本が世界でも珍しいただ一つの国だからだ。これは、本書も無関係ではないだろう。

中東で奪い合っていた聖地が、実は偽物で、本当の聖地は日本にあったと知ってしまったなら、彼らはどうするだろう？　つまり、そういうことなのだ。でも、彼らが気付いた時には、既にそこは荒れ地のはずなんだけど。神にあれだけふざけた態度をしておいて、神の近くに居たがる理由が分からん。もしかして、『イスラエルの十二部族《じゅうにぶぞく》』は、神に裁かれたくて寄ってくるのか？


そうして、日本が蹂躙《じゅうりん》されてから約半年、日本は分割され、何処がどの国かは分からないが占領下に置かれ、事態は一応の沈静化を見る。それが、第二十四章29節《マタイによる福音書》（再臨《さいりん》の徴《しるし》）の『この苦難《くなん》の日々《ひび》が過《す》ぎ去《さ》ると』という箇所になる。

これが、物質世界の九分九厘の時だ。

そうして、『たちまち、』『太陽《たいよう》は暗《くら》くなり、』『月《つき》は光《ひかり》を失《うしな》い、』『星《ほし》は天《てん》から落《お》ち、』『天《てん》のもろもろの力《ちから》は揺《ゆ》れ動《うご》く』。

『その時《とき》、』『地上《ちじょう》のすべての民族《みんぞく》は悲《かな》しみ』という、この物質世界の終わりの時を迎える。

それが、令和八年の八月か九月だ。これについても前作に記しているので読んでほしい。

大本神諭　一巻P五〇　大正六年旧二月九日
向《むこ》うの国《くに》の極悪神《ごくあくがみ》が、日本《にほん》の王《おう》よりモ一《ひと》つ上《うえ》の王《おう》に成《な》る仕組《しぐみ》を未《ま》だ致《いた》すなれど、悪《あく》の世《よ》は九分九厘《くぶくりん》で輪止《りんど》まりとなるから、何事《なにごと》を企《たく》みても、一《ひと》つも思《おも》わくは立《た》たんぞよ。

大本神諭　三巻P七二　大正六年旧九月五日
悪《あく》の世《よ》は九分九厘《くぶくりん》行《い》った所《とこ》で、世《よ》が無《な》くなると申《もう》して、

大本神諭　三巻P八三　大正六年旧九月五日
九分九厘《くぶくりん》に成《な》ると、手《て》の掌《ひら》が覆《かえ》りて、綾部《あやべ》の此《こ》の村《むら》と、綾部《あやべ》の町《まち》を動《うご》かして遣《や》ると申《もう》して在《あ》ろうがな。世界《せかい》と一同《いちど》に動《うご》かすと申《もう》して、筆先《ふでさき》に出《だ》して在《あ》ろうがな、皆出《みなで》て来《く》るぞよ。大《おお》きな目醒《めざ》ましが、天地《てんち》から在《あ》るぞよ。世界《せかい》の事《こと》は、何《なに》も彼《か》も筆先通《ふでさきどお》りに成《な》りて来《く》るぞよ。

『悪《あく》の世《よ》は九分九厘《くぶくりん》で輪止《りんど》まり』、その時には『世《よ》が無《な》くなる』という話だ。
神が、『綾部《あやべ》』と『世界《せかい》と一同《いちど》に動《うご》か』して、人類どころか、世界すら残らないという『大《おお》きな目《め》

醒《ざ》ましが、天地《てんち》から在《あ》る』ということだ。

『がいこくの悪神《わるがみ》』の思うようには決してさせない、その神の計画が『九分九厘《くぶくりん》』の時に発動する。

故に、《日本の民よ、その時が来るまで耐え忍んでおくれ》ということなのだ。

神は、人類を滅亡させることで、日本の窮状を救う。


これまで近隣国が、日本に領空侵犯、領海侵犯を行って、隙あらばと日本を狙いながらも、それでも日本に近づけさせなかったのは神が守護していたからだ。日本政府にも自衛隊にも、近隣の国が本気で攻めて来たら、それを防ぐ力は無いと、日本国民なら誰でも知っているだろう。

だが、今度は世界中が日本に押し寄せることになる。神はこれまで諸外国の悪神に、日本に来たら世界は終わるぞと脅し付けていたのに、大きな隙を作って諸外国が手を出さずにはいられないようにして日本に招き寄せるのだ。それは、《神がこの世界を終わらせる》という計画を実行するためなのだ。


しかし、大本の大峠の後の日本の状況を思うと、大本の大峠という未曾有《みぞう》の大災害で、何も考える暇もなく真っ先に死んで逝った者たちが、逆に羨《うらや》ましいとすら思える。

日本は、この状況を国が想定して対策を立てたとしても、国土防衛なんて不可能なのは明らかで、その上、何をどうしようと、結局最後には人類は全員死亡が確定なのだ。それに、その先には最後の審判が待ち受けている。

故に、戦争だから敵を殺してもOKなんて思って罪を積み上げるよりも、殺すか殺されるかなら、殺されてしまった方が罪は軽いのだからと、そう思って心置きなく殺されてみるのも一興だと思おう。

大本神諭　七巻P一八二　大正五年旧六月十日

昔《むかし》から無《な》いことが出来《でき》るのも、皆時節《みなじせつ》の力《ちから》で在《あ》るから、時節《じせつ》には往生致《おうじょういた》して、服《したが》う所《とこ》へは服《したご》うて、負《ま》けて勝《か》ちとるが宜《よ》いぞよ。

人類の滅亡という『昔《むかし》から無《な》いことが』、『九分九厘《くぶくりん》』という『時節《じせつ》の力《ちから》で』『出来《でき》る』から、この神の計画に逆らって、戦って勝ち残ろうなんてするのは諦《あきら》めて、神が与えた状況に『往生《おうじょう》』して死ぬという自分が『負《ま》け』ることが、後の最後の審判の時に『勝《か》ち』につながるから、生き延びようと足掻《あが》く思いを諦めて『往生《おうじょう》』しろよと、そういう話なのだ。

だが実は、人が本当に戦わなければならないのは、最後の審判の時なのだ。

でも、最後の審判って戦うの？　と思う人も多いだろう。

それに、誰と戦うの？　とも思う人もいるだろう。

実は、天国へ行くとしても地獄に落ちるとしても、誰もが全身全霊で戦わなければならないのが最後の審判なのだ。最後の審判は、判決を下されるだけの場ではないのだ。

それは、一体どのような状況なのか？

その答えは、次項の最後に書いておいた。そこで、その雰囲気を感じてくれればと思う。

# 日本の現実、大峠の意味

ここからは、大本の大峠以降の日本が心配なので書いておこうと思う。お筆先を読み解いて未来に起こることを書いたのだが、私は言葉を読み解いただけで、霊能者のように映像を見ているわけではない。なので、具体的なことは分からないのだ。霊能力で見たとしてもその信憑性を問われるが、お筆先を読み解いたとしても、やっぱりその信憑性は問われるだろう。だが、日本の大災害を見て日本に本気で軍隊を送ろうとしている国の指導者には、信憑性の話など関係ない。故に、軍隊を侵攻させるなら、彼らに十分な食料を持たせるようにと指示を出してほしいと願い書いておくのだ。

日本の食料自給率は、カロリーベースで四十パーセント弱と農林水産省は公表している（二〇二二年）。しかし、本当は十五パーセント程度しかないと言う人もいて、それが農業の現場に詳しい人ほど政府の発表を憤《いきどお》りを持って否定している。そこで、もう少し詳しく調べて見れば、食料生産に必要な肥料の原料は、ほぼ一〇〇パーセントが輸入だったのだ。今は、見た目の良い野菜が店頭に並んでいる。だがこの日常は、輸入された肥料のおかげなのだ。肥料がなくなれば、生産者も見目の良い栄養豊富な作物は作れず、ほとんどの農産物が店頭から消えるだろう。日本が戦争になれば、農家でまともな作物は食べられなくなる。もう食料自給率を語る意味すら無い。食べられるものを食べるしかない状況になるだろう。

日本政府がその時、外国の軍や食料問題にどんな対応をするのかは知らない。だが、そうなる状況を事前に知ったなら、世界が終わるまでの約半年分の食料を、自身でどう確保するのかを考えてほしい。

神も、人を餓死させたくて大峠を行うわけではないのだ。

神は、お筆先で、《どんな極限状態になっても、人が人を喰うようなことはさせない》と語っている。

そのことは、福音では、次のように書かれている。

マタイによる福音書　第二十四章22節（大《おお》いなる苦《くる》しみ）
もしそれらの日々《ひび》が縮《ちぢ》められないなら、救《すく》われる者《もの》は一人《ひとり》もいなくなる。しかし、選《えら》ばれた人《ひと》たちのために、その日々《ひ》は縮《ちぢ》められる。

今度の大峠（＝人類滅亡）は、神によって行われる。

この人類滅亡という一人一人に与えられる死は、その人の罪の贖《あがな》いのためであって、苦難の中でその人が更なる罪を積み上げてしまっては、その人の死が無意味になってしまうのだ。それ故に、人が人を喰うような罪を積ませないために、『その日々《ひび》は縮《ちぢ》められる』。

神は、日本でも外国でも、人が人を喰うような事態にしたいわけではない。

だが日本は、二度の大峠がある故に、外国より『その日々《ひび》は』長くなる。なので、日本だけは、その間の食料を確保する必要があるのだ。

お筆先にも、言葉は違うが、《食料を可能な限り生産せよ》と書かれている。

令和七年には、米だけは最大限生産して、副食は野草や山菜、魚釣りやイノシシやシカ狩りでもって頑張ってほしい。

令和八年になって、企業活動が出来なくなれば、農業にシフトして、可能な限り農業に従事できるようにしてほしい。化学肥料も農薬も手に入らなくなって面積当たりの収穫量も下がるだろう。なので、七年中には、日本の農地の実に半分が荒れ地や休耕地になっている所を整備して、最大限の食料確保に動いてほしい。

と、こんなことを言っても、実際にそうなってみなければ、誰もそんなことはやらないだろう。

だがそれも、仕様のないことなのだ。日本はどの国よりも罪深い国なのだ。それ故、日本は外国よりも贖《あがな》いは辛いものになる。その理由は本書にも書いてある。だが、明確にはしていないので、詳しく知りたければ前著を読んでほしい。

大峠について、もう少し書いておこう。

これから起こる大峠は、大本の大峠、人類滅亡という大峠、最後の審判という大峠と、三つの大峠がある。大本の大峠や人類滅亡という大峠は、神が《人の肉体を奪う》ことで、人に贖《あがな》いをさせる、と人は思っているだろう。

だが、人間の肉体も物質世界も、神が造り人間に与えたものなのだ。だから、神からすれば、神が人間に貸し出した物を、期限が来たから回収した、というだけのことなのだ。

だから、その次に訪れる霊界での「最後の審判という大峠」の時こそが、《贖《あがな》いの本番》というのが正しい認識なのだ。

神はこの大峠を、第一次、第二次世界大戦という型にして人間に行わせた。物質世界というレベルでは、大本の大峠を第一次世界大戦、人類滅亡という大峠は、第二次世界大戦なのだ。

だが、もう少し大きい目で見れば、大本の大峠も人類滅亡という大峠も、人間の物質世界からの離脱と考えれば、この二つは一つにできる。そこで、この二つを合わせて第一次世界大戦とし、最後の審判の大峠を第二次世界大戦と見ることができる。そうやって、神が型に見せたことから学びなさい、とお筆先には書かれている。その教えは、お筆先を読まなければ、二つの大戦から神が何を教えたかったのか、まったく見当が取れないだろう。それについても前著を読んでほしい。とは言ったが、私も神の教えを読み切れた気はしていないのだ。

人間の立場から言えば、「人類滅亡という大峠」は、「最後の審判という大峠」の予行演習だと位置づけて、そこでこれまでの人生をジックリと考えておくことをお勧めする。

人間は、自分の肉体も自分が購入した物も、人によっては他人の物も自分の物だと思っていることだろう。そんな人からすれば、「人類滅亡という大峠」は、贖《あがな》いをさせられた、という認識になるのだろう。だがその贖いの意味も、当人の理解度でその内容も変わるだろう。

だからこそ、一度目の大峠で神が与えた状況というものを確《しっか》りと受け取って考えておいたなら、二度目の大峠を納得して行えるだろう。と言ってあげたいのだが、多くの人間には、そんな神に納得できる訳がないのだから、神と喧嘩することになる。

故に、そんな人には、「納得できるまで徹底的に神に挑みなさい」と言っておこう。

人間は、自らのプライドで自らの存在のすべてを賭けて、神に挑戦することになる。いないと思っていた神に出会ったなら、人は、自らの人生に対する不平不満を叫び、それでも頑張って生きてきた自分に、その自分の価値を、神に認めてほしいと願うのだ。

だが、その結果については語らないでおこう。
それは、我が身で受け取るべきものなのだ。

# 第四章　幻想は崩れ去る

# 天国へ行く者、地獄へ行く者

人は、最後の審判で、天国に行くのか地獄へ行くのかが決まる。と、そう思っている人が多いだろう。だが、残念ながらその認識は間違いだ。

しかし、その間違いを説明する前に、最後の審判の対象者が誰なのかを明確にしよう。
それは、この世界でこれまで神と言われてきた悪魔や悪霊、そして天使や人間も対象になる。
外国でも一神教ではない宗教なら、たくさんの神がいる。それらの神も審判の対象なのだ。
そんな審判に対して、人間のことばかりを考えていては、視野が狭いと気付くべきだろう。

『新約聖書』にも悪魔や悪霊《あくれい》の記述はある。だが、キリスト教徒でも日常でそれらの存在を意識することはないだろう。人間は、悪魔や悪霊に注意を向けないから、そんな者にやりたい放題にされていたのだ。と言ってはみたが、悪魔や悪霊に対処できる人間なんていないのだ。

ところで、神が最初と最後にだけ現れるとするなら、現在キリスト教徒を指導している存在は悪魔ということになる。なので、今のキリスト教徒は、悪魔に頭から丸呑《まるの》みにされて洗脳されてしまっているということを、まず理解する必要がある。

これを読んで、「そんな馬鹿な！」って思ったとしても、それが事実なのだ。

## つまずき

マタイによる福音書　第十八章7節（つまずきについての警告《けいこく》）
つまずきは避《さ》けられない。しかし、人《ひと》をつまずかせる者《もの》は不幸《ふこう》である。

キリスト教徒は、『人《ひと》をつまずかせる者《もの》』の方《ほう》に気を取られているようだが、大事なのは『避《さ》けられない』の方なのだ。

人は、『（誰一人として）つまずきは避《さ》けられない』と、イエスは言った。

キリスト教徒であり、イエスの言葉を信じると自負する者であるならば、『（誰もが）つまずきは避《さ》けられない』とイエスが言っているのだから、《自分もつまずくことになる》と理解して納得するしかないはずだ。

それでも、イエスはこう言っているけれど、《わたしだけは決してつまずかない》と、あなたが信じているのなら、それは《悪魔の囁《ささや》きに洗脳されている》ということになる。

そうやって人は、アダムとイブの失敗を現在に至るまで繰り返す。

イエスの忠告を受け入れず、わたしはイエスより上だと自惚《うぬぼ》れて、あなた自身が『荒《あ》れ野《の》での試《こころ》み』を受けていたことも気付かずに、『石《いし》』を『パン』だと思い込まされ、『石《いし》』を腹いっぱいに食い尽くし、いつの日か天《てん》の国《くに》へと飛んだつもりが海の底……。

それが、悪魔の囁きをうっかりと信じてしまった者たちの末路だ。

だから、そうならないようにと、あなた方《がた》キリスト教徒はつまずきを恐れる。

『人《ひと》をつまずかせる者《もの》』とは、悪魔であり、悪魔に使われている人間たちだ。だから、地獄に落ちるのが必然の者たちなので、『人《ひと》をつまずかせる者《もの》は不幸《ふこう》である』とイエスは言った。そんな『人《ひと》をつまずかせる者《もの》』に、イエスは関わるつもりはない。だからイエスは、『切《き》り取《と》って投《な》げ捨《す》てなさい』と無慈悲にも言って退《の》けたのだ。

ところで、この『切《き》り取《と》って投《な》げ捨《す》てなさい』は、参照した福音の続きに書かれているので、その続きを含めて再度この福音を出そう。

マタイによる福音書　第十八章7～9節（つまずきについての警告《けいこく》）

つまずきは避《さ》けられない。しかし、人《ひと》をつまずかせる者《もの》は不幸《ふこう》である。だから、もしあなたの手《て》または足《あし》の一方《いっぽう》があなたをつまずかせるなら、それを切《き》り取《と》って投《な》げ捨《す》てなさい。両手《りょうて》両足《りょうあし》がそろったままで、永遠《えいえん》の火《ひ》に投《な》げ入《い》れられるよりは、片手《かたて》あるいは片足《かたあし》を欠《か》いて命《いのち》に入《はい》るほうがましである。また、もし片方《かたほう》の目《め》があなたをつまずかせるなら、それをくりぬいて投《な》げ捨《す》てなさい。両方《りょうほう》の目《め》がそろったままで、火《ひ》の地獄《じごく》に投《な》げ入《い》れられるよりは、片方《かたほう》の目《め》だけで命《いのち》に入《はい》るほうがましである。

これを読んだなら、「そこまでするの?」って思うだろう。言葉通りに想像すれば、かなりグロいことを言っていると感じるだろう。これについては、次の福音と合わせて理解しよう。

マタイによる福音書　第六章24節（仕《つか》える）
誰《だれ》も二人《ふたり》の主人《しゅじん》に兼《か》ね仕《つか》えることはできない。一方《いっぽう》を憎《にく》んで他方《たほう》を愛《あい》するか、または、一方《いっぽう》に親《した》しみ、他方《たほう》を疎《うと》んじるかである。あなた方《がた》は神《かみ》と富《とみ》に仕《つか》えることはできない。

（つまずきについての警告《けいこく》）の『両手《りょうて》両足《りょうあし》』や『両方《りょうほう》の目《め》』とは、（仕《つか》える）の『神《かみ》と富《とみ》』の別表現だと理解してほしい。
そう理解したところで、この二つの福音を合わせてみよう。
すると、《『神《かみ》と富《とみ》』の『両方《りょうほう》』『がそろったままで、火《ひ》の地獄《じごく》に投《な》げ入《い》れられるよりは』『神《かみ》』『だけ』を選んで『命《いのち》に入《はい》るほうがましである』》。となって、この言葉であれば、誰でも無理なく受け入れられるだろう。だがこの言葉では、信者の切実な現実を受け止めた上で、それでもイエスはこれを語っている、という認識にはならないだろう。だから、『片手《かたて》』や『片足《かたあし》』、『片方の目《かたほうめ》』などという言葉を使った。

どんなに信仰深いキリスト教徒であっても、《生きている限り、神を信仰しているからご飯は要らない》とは言えない。つまり、富が無ければ信仰すらできないのが現実だ。だから、この世で神を信仰する者は、必然的に『神《かみ》と富《とみ》』の『両方《りょうほう》』に『仕《つか》える』ことになる。これは否定のできない事実なのだ。

このように、イエスは『神《かみ》と富《とみ》』がこの世に生きる人間にとって『両手《りょうて》両足《りょうあし》』のように無くてはならないものと分かっていたから、我が身を切るような思いを込めて『片手《かたて》』や『片足《かたあし》』と語ったのだ。

つまり、イエスの言葉に則《のっと》れば、《人は、生きているだけでつまずいている》と理解しなければならないのだ。

アダムとイブの原罪（＝過去）を持ち出すまでもなく、自分のこと（＝現在進行形）として罪を理解する必要がある。しかし、これでは人は、どうやったって罪からは逃《のが》れられない。

では、どうしたら良いのか？

実は、キリスト教徒は考え過ぎなのだ。考え過ぎの迷宮で思考停止に陥った。そんなキリスト教徒は、自分がつまずくこと（＝罪）を恐れて、余計に『つまずき（＝悪魔）』に絡《から》め取《と》られてしまっていたのだ。


人を罪の意識に落として、救いに縋《すが》らせる。宗教者の信者集めのマッチポンプ。勧誘する方もされる方も、これに気付いているのだろうけれど、心が凝り固まってそんな所で思考停止していては、その先の話に耳を貸さないだろうと思って、この項で語るつもりの話の前にこれを書いた。

イエスが語る本当の救いは、神父や牧師が言う《思考を放棄してただイエスに縋《すが》れば良い》というような、根拠のない安心感で安易に安住するような処《ところ》にはないのだ。

だが、それを理解するには、イエスが語る厳しい現実に向き合う必要がある。

ということで、本来の話すべき内容へと進もう。

## 天国へ行く者と地獄へ行く者の違いについて

人間には善人と悪人がいる。神にも《善の神》と《悪の神》がいる。悪の神は、キリスト教では悪魔や悪霊とも言う。

《悪い人や悪魔は地獄に落ちて、善人や善の神は天国に行く》、と言うならその通りだろう。

だが、何を基準にして善だの悪だのと言うのか？

イエスの言うことを素直に聞いて行える人間が天国に行く。

でも、キリスト教教会は、既に悪魔からの洗脳で思考停止状態だ。強固な信仰心と言えば聞こえは良いが、それが神に通じているのか悪魔に通じているのか。普通に考えても、間違った信仰心では神に通じてはいないと分かるだろう。


と、あれこれ言ってはみたが、残念なことに善悪についてはどんな議論も意味はない。

その答えは、次の福音に間違いようがないほど明確に書かれている。

ヨハネによる福音書　第三章31節（天《てん》から来《こ》られる方《かた》）
上《うえ》から来《こ》られる方《かた》は、すべてのものの上《うえ》におられる。地《ち》から出《で》る者《もの》は地《ち》に属《ぞく》し、地《ち》に属《ぞく》する者《もの》として話《はな》す。

我々の住むこの宇宙は、子宮の中にある。

『上《うえ》から来《こ》られる方《かた》』とは、《この宇宙の外から子宮の中に入って来た者たち》のことだ。

この子宮の中に入って来た者たちが、神の社会（＝神界）から来た神々と天使たちなのだ。

キリスト教は一神教で、神が複数存在するなんてキリスト教徒には受け入れられないかもしれない。なのでこれについては、あとで説明するので今は我慢してほしい。

その、『上《うえ》から来《こ》られ』た神々や天使たちは、それぞれが一人の子を生んだ。そして、その子が子宮の外に出られるほどに成長したら出産させて、神の社会に赤子として受け入れる。

つまり、《『上《うえ》から来《こ》られる方《かた》』とその子たちだけが善の者》で、《神界（＝天国）へ行く者》なのだ。

では、『地《ち》から出《で》る者《もの》』とは何者なのか？

その者とは、前回の最後の審判で地獄に落とされて、地の底に埋められた悪魔たちなのだ。

つまり、《この地上には、善の魂を持った人間と、地獄から復活した悪の魂を持った人間がいる》ということなのだ。


多くの人は、自分は普通の人間だと思っているだろう。わたしは聖人でも犯罪者でもない。だから、《普通の人間だとしか言いようがない》と、そう思っている人が大多数だろう。

だが、この福音を読めば分かる通り、実際は『上《うえ》から来《こ》られる方《かた》』と『地《ち》から出《で》る者《もの》』の、善か悪かの二種類があるだけなのだ。だから、わたしは普通の人間だと思っていたとしても、そんなカテゴリーは最初から無かったのだ。

故に、《人は自分の魂がどちらなのかで強制的に天国か地獄かが決まる》という話なのだ。なので、今どきの日本の若者が口にする《親ガチャ》という言葉には、《本当の意味で回避不能の真実があった》ということなのだ。

## 悪の正義が席巻する

『地《ち》から出《で》る者《もの》は地《ち》に属《ぞく》し、地《ち》に属《ぞく》する者《もの》として話《はな》す』ということは、『地《ち》から出《で》る者《もの》』にも『地《ち》に属《ぞく》する者《もの》』なりの《正義がある》ということだ。

今はまだ、この地上に神はいない。だから、我々が思っている善悪の概念は、悪魔によって造られたものだ。それ故、《わたしは普通の人間だ》と思っている人は、それが悪魔の基準で出した結論なのだから、《わたしは普通の悪魔だ》と言っているのと同じなのだ。

神は、この地上の世界にはいない。人類のほぼ全員がそう思っているだろう。

では、神のいない世界はどうなっているのか？　と問えば、「見れば分かるだろう、酷い世界だ」

と言う人ばかりだろう。

では、この酷い世界を支配しているのは誰か？　と問うて、その答えを「悪魔だ」と言う人は多分いない。そんなことを真顔で言ったら、相手にどん引きされて「こいつ、まじか」って思われるだろう。

これは、そのように認識されるほどに、《この社会が完全に悪魔に支配されている》という話なのだ。


今は善の魂を持った人でも、悪魔の思想に染まり切ってしまっている。故に、現状では天国に行ける人間はほぼいないというのが、神から見た事実なのだ。

だから、悪魔とはどんな存在なのか具体的に理解したいと思ったのなら、あなたの親族や友人・知人を思い出せば良いということだ。悪魔には様々なバリエーションがあると理解しよう。


故に、こんな世界であるからこそ、《唯一神から『開《ひら》くる時《とき》をすくふべき　教《をしへ》をのこすおん慈悲《じひ》』が与えられた》のだ。


でも、この話の趣旨とは、別のところで矛盾を感じている人も多いだろう。

《唯一神》という言葉と《神々》という言葉が、両方出てくるのは何故なのか？

『旧約聖書』でも、複数の神がいることは示唆されている。

なので次項では、このことについて話していこう。

# 神の中の唯一神

我々の住むこの宇宙の外に神々の住む国々があって、その国々にはそれぞれに神の社会があり、それらすべてが天国と言われる所なのだ。

我々は、この宇宙から出ることで、神の社会に仲間入りする。

《神の社会が在る》ということは、神は複数いるのが必然だ。

《この神の社会に唯一神がいる》というのが、神の社会の正しいあり方なのだ。

人の国にも王がいたり、集団にもまとめ役として長がいるのも、神の社会形態を映していた、ということなのだ。

神の国がどのようなものか、それは、イエスも少しは語っている。しかし、具体的な姿はお筆先に書かれている。

お筆先では、唯一神の名は、「ミロク様」とか「五六七様《みろくさま》」、「月の大神様《つきのおおかみさま》」や「撞の大神様《つき》」と、一柱の神なのに様々な呼び方や漢字が当てられている。それは、神の名とは、その神の働きが名になっているからで、唯一神ともなればその活動の種類は一つでは収まらないということなのだ。

ところで、『古事記』では唯一神は天之御中主神《あめのみなかぬしのかみ》の名なのだが、お筆先ではその名は使われていない。
ここでは、神の世界の核心部分を理解しよう。お筆先にはここまで語られていた。これを知れば、イエスがすべてを語っていたわけではないと分かるだろう。
まずは、神の社会の中核となる部分の神の人員配置が書かれたお筆先を出そう。これは、神の名が書かれた組織図とも言えるものだ。

伊都能売神諭　P二六一　大正八年四月十三日
天《てん》では撞《つき》の大神様《おおかみさま》が一《いち》の主《ぬし》なり、五六七《みろく》の神《かみ》と若姫君命《わかひめぎみのみこと》の夫婦《ふうふ》が御側役《おそばやく》の御用《ごよう》なり、地《ち》では禁闕要《きんかつかね》乃《の》大神様《おおかみさま》が一《いち》の主《ぬし》なり、国常立尊《くにとこたちのみこと》と豊国主尊《とよくにぬしのみこと》が夫婦《ふうふ》揃《そろ》うて御側役《おそばやく》をいたすなり、木花咲耶《このはなさくや》姫命《ひめのみこと》の御魂《みたま》は日出乃神《ひのでのかみ》と現《あらわ》れて立派《りっぱ》な神代《かみよ》を建《た》てる御役《おんやく》なり、彦火々出見命《ひこほほでみのみこと》は木花咲耶《このはなさくや》姫命《ひめのみこと》に引《ひ》き添《そ》うて日《ひ》の出《で》の神《かみ》のお手伝《てつだ》いをなさるのであるぞよ。

日本人なら、聞き覚えのある名もあるだろう。けれど、神の名を列記されても、外国ではどれほど知っているだろうか。とは言え、知らなくても問題はないので話を進めよう。

このお筆先を見ると、『天《てん》』の神界では、『撞《つき》の大神様《おおかみさま》』が『一《いち》の主《ぬし》』で、『五六七《みろく》の神《かみ》と若姫君《わかひめぎみの》命《みこと》』が『御側役《おそばやく》』なのだ。

『地《ち》』の神界では、『禁闕要乃大神様《きんかつかねのおおかみさま》』が『一《いち》の主《ぬし》』で、『国常立尊《くにとこたちのみこと》と豊国主尊《とよくにぬしのみこと》』が『御側役《おそばやく》』だ。

そこに、我々が行くべき新しい神界が出来て、そこでは『日《ひ》の出《で》の神《かみ》』が『一《いち》の主《ぬし》』で、『彦火々出見命《ひこほほでみのみこと》』と『木花咲耶姫命《このはなさくやひめのみこと》』が『御側役《おそばやく》』になる。

神界では、『一《いち》の主《ぬし》（＝唯一神）』と二人の『御側役《おそばやく》』の計《けい》三人がその神界の根幹なのだ。

そして神界には、『天《てん》』の神界、『地《ち》』の神界、そして新しく出来る神界と、階層的に独立した複数の天国があって、それぞれの階層に唯一神が存在する。これだけでも天国は、世間で言われるような単純な《一つの世界》ではないと分かる。でも、神はこれを一つの世界だと言う。

お筆先では、それぞれの天国で中心となる三人を『幹《みき》』と言っている。『新約聖書』では、それは『ぶどうの木《き》』になる。

三人のうちの『御側役《おそばやく》』の二人から、それぞれに枝が伸びてそれぞれの国が造られる。

## イエスの系列

イエスは、十二人の使徒を集めた。そして、七十二人も選定した。

この十二人には大きな国の、七十二人には小さな国の、その国の国主となってもらうために、イエスが彼らを集め教育した内容が、『新約聖書』となって残されていたのだ。

ここまで語れば気付くだろうか?

我々は胎児なのだ。イエスも胎児、十二人も胎児、七十二人も胎児だ。胎児が出産によって神界に出て幼子になり、その幼子が新しい神界を創り上げるという一大事業を行わなければならないのだ。十二人と七十二人は、神界で国主として自分の国を造り上げ、そこに多くの人々を住まわせるのが仕事になる。

イエスは、国主となる者たちにそれを成させなければ、天の国に人々を招くことはできないのだ。それ故イエスは、彼らの教育者として監督者として、そして、彼らを支える者としてあるのだ。このイエスの心労というものが分かるだろうか。

そして、イエスの弟子である十二人と七十二人が、『枝《えだ》』となる者なのだ。

そう理解すれば、次の福音で語られていることが分かるだろう。

ヨハネによる福音書　第十五章1・4・5節（イエスはまことの〈ぶどうの木《き》〉）
わたしはまことのぶどうの木《き》であり、わたしの父《ちち》は栽培者《さいばいしゃ》である。～略～
ぶどうの枝《えだ》が木《き》につながれていなければ、枝《えだ》だけで実《み》を結《むす》ぶことはできない。～略～
わたしはぶどうの木《き》であり、あなた方《がた》は枝《えだ》である。

イエスが『ぶどうの木《き》』であって、それは『幹《みき》』なのだ。そして、『あなた方《がた》』とは、十二人と七十二人で、彼らが『枝《えだ》』なのだ。そして、『実《み》』とは、彼らが造る国に住む《住民たち》のことなのだ。

ヨハネによる福音書　第十四章2節（父《ちち》への道《みち》であるイエス）
わたしの父《ちち》の家《いえ》には、住《す》む所《ところ》がたくさんある。

天国には、十二と七十二の合計八十四もの国がある。『父《ちち》の家《いえ》（＝天国）』には、『住《す》む所《ところ》がたくさんある』と語った言葉に間違いはないのだ。

さて、ここまで読んで、あなたはどう思うだろうか？

真面目な人なら、唯一神すら複数存在するという天国に納得なんてできないだろう。そう思う人は、唯一神という言葉を別の言葉に置き換えてしまえば良いと思う。

《唯一神という状況は、この子宮の中の地上でのみそうなった》というだけのことなのだ。


キリスト教では、神は一人だけ。何故そうなったのか？

『伊都能売神諭』P二六一では、九人の神の名を出した。この九人は間違いなく神だ。

しかし、キリスト教徒（＝外国人向け）には、その情報は開示されなかった。外国の人たちには、少ない情報で散々に悩ませて、真実には辿り着けないようにさせていた。つまり、一生懸命に神を探求していた方々には、そうだと思って諦めておくれ、という話なのだ。

これは、『後《あと》の者《もの》が先《さき》になり』となるように、神がそうしたのだ。

日本に降ろされたお筆先が読み解けなければ、真実は現れないことになっていたのだ。


ところで、九人の神の中には、イエスもいたのだが、どの神か分かるだろうか？

それは、『彦火々出見命《ひこほほでみのみこと》』なのだ。

マタイによる福音書　第三章11節（洗礼者《せんれいしゃ》ヨハネの宣教《せんきょう》）
その方《かた》は聖霊《せいれい》と火《ひ》で、あなた方《がた》に洗礼《せんれい》をお授《さず》けになる。

『その方《かた》』とはイエス。イエスは『聖霊《せいれい》と火《ひ》で、あなた方《がた》に洗礼《せんれい》をお授《さず》けになる』。

そして、『彦火々出見命《ひこほほでみのみこと》』の名にも二つの『火《ひ》』がある。この『火《ひ》』のうちの一つが、『霊《れい》』の『霊《ひ》』だ。そしてもう一つが、悪を焼き払う『火《ひ》』で、この名はイエスが授ける『洗礼《せんれい》』と同じ内容を表している。

このように、日本の神の名には、その神の活動内容が見て取れる。

また、洗礼者ヨハネも、九人の神の名の中に登場していた。それは、『日の出の神《ひのでのかみ》』なのだ。

洗礼者ヨハネは、この悪が蔓延《はびこ》る闇《やみ》の世に、『日の出《ひので》』をもたらす『神《かみ》』だったのだ。


そして、もう一つ秘密を開示しよう。

洗礼者ヨハネとイエスは、神の名が示す通り、日本の神なのだ。

実は、《この二人は、日本から外国に出張して神の教えを外国の人々に伝えに行っていた》ということなのだ。


そして、『日の出の神《ひのでのかみ》』のグループには、『彦火々出見命《ひこほほでみのみこと》』の他に、もう一人神がいる。

その神の名が、『木花咲耶姫命《このはなさくやひめのみこと》』だ。この神が、もう一方の『枝《えだ》』を広げていく幹となる者なのだ。この『木花咲耶姫命《このはなさくやひめのみこと》』が、日本の神の国を統べる者なのだ。

イエスは外国を担当する神で、洗礼者ヨハネはイエスの上司として、外国の人々にイエスを示して《そこに道が在る》と紹介する御用だったのだ。

ここまで語った中でも、言葉の端々に秘密を埋め込んでいるのだが、もう秘密は明かすべき時なので明確にしていこう。しかし、なかなか素直に受け入れられない人も多いだろうから、チマチマと出した方が良いかなとも思ったのだが、もう、面倒なのでサクッと行くことにする。

## 日本の系列

日本には、《日本は神国、八百万《やおよろず》の神の国》というフレーズがあり、広く一般に知られている。

しかし、その言葉の本当の意味を理解している日本人は、これまでいなかった。

この言葉は、《地上にある日本の国には、神の魂を持つ人間がたくさんいる》と伝えていたのだ。

神として生を受けても《まだ胎児に過ぎない小さな者》ではあるが、そんな《神の魂を持った人間が大勢日本の国に住んでいる》という意味なのだ。

つまり、《日本は神国、八百万の神の国》というこの言葉は、そのままの事実を語っていた。

日本は、神の魂を持った人間たちが住む国だったのだ。

つまり、《日本にいる多くの日本人を見て、八百万の神のいる国だ》と言っていたのだ。

《日本は神の住む国》、故に《日本は神国》なのだ。

これを素直に受け入れられるなら、日本の国のことは理解できたと言える。


で、ここまで読んで、では《日本ではない国は何の国》だろう?

と、そう疑問に思ったなら、なかなかに鋭い人だ。


キリスト教徒の中には、イエスを唯一神だと思っている人がいる。

外国が何の国なのかを知った上で、私の解説を読み進めてきたなら、その思いも間違いではなかったと自《おの》ずと納得できることになる。

なので、簡単に答えを言う。

《外国は天使の国》だ。

日本以外の国は、天使だけが住む天使の国だ。

日本以外の国では、天使の魂を持った人間たちが住んでいた。

だから、外国には、神の魂を持つ者は一人もいなかった。

そこに、神の魂を持ったイエスが降りて来た。

それ故、イエスが外国人にとっての唯一の神だったのだ。

でもこれまでの情報から、洗礼者ヨハネも神の魂で地上に降りて来たではないか、という人もいると思うのだが、それは総監督としての役割故《ゆえ》で、外国の人々を直接導く役割の者はイエス一人なのだ。なので、天使の国の人々にとっては、イエスこそが最も身近な神であったのだ。


イエスは、外国の国主となる十二人・七十二人を教育し指導するために地上に降りた。

それはまだ胎児である一般の天使たちを、天国（＝国主の国土）へと掬《すく》い上げさせるために、国主たちが成すべきことを理解させるために行っていたのだ。


だが、イエスの役割はそれだけではなかった。

イエスは、未来への布石を行うために二〇〇〇年前に地上に降りた。

でも、それを語る前に、皆が行く天国について知っておくべきことを話そう。

# 天国はどんな所？

キリスト教徒が天国について ネットに書いているのを見ると、私の感覚とは何か違うようで、その内容にピンと来ないのだ。同じ『新約聖書』を読んでいるはずなのに何が違うのだろうと思う。
だが、少なくとも明確に違うのは、キリスト教徒は『新約聖書』のバックボーンに『旧約聖書』があり、私はお筆先がバックボーンなのだ。

今の教会は、イエスが否定した《人間の叡智》という既存の教えを、『旧約聖書』と共に取り込んでしまっている。《人間の叡智》は人間にとっては宝なのだろう。だがそれは、神を見るには不完全で、神から言わせれば、それは傷だらけのレンズを填《は》めた眼鏡《めがね》なのだ。そんな眼鏡で神の世界を見ようとしても、まともに見えるものなどない。

私は、お筆先を理解してから『新約聖書』を読み直し、この二つは同じ内容が違う言葉で語られていると理解した。この同じものを別方向から見る状況は、《二つの視点》を持ったのと同じで、人が二つの目で世界を見るように、神の世界を立体的に見られるようになった。

ここまで本書を読んで分かると思うが、神は人々に概念的な善悪や抽象的なことを喩えを使って伝えていたのではない。

神は人々に、天の国のことを伝え、地上のありようを語り、その日何があり、その時何を成すべきかを語っていた。それが来た時のために事前に知って覚悟を決めておきなさいと、そのために神は、預言者たちに具体的なことを語らせて人々に知らせていたのだ。

神は、人々に難しいことを言うつもりなどなく、「みんな悩んで大きくなれよ」と言っていたわけでもないのだ。

事前の説明が長くなった。天国について話そう。

## 天国の姿

さて、少なくともここまでの話で、天国にはたくさんの国があると分かっている。

でも何故、たくさんの国があるのだろう?

「天国が一つの世界であるのなら、たくさんの国があるって変じゃない?」って思う人もいるだろう。

その答えも、イエスの言葉の中にある。

マタイによる福音書　第五章13節（地《ち》の塩《しお》、世《よ》の光《ひかり》）
あなた方《がた》は地《ち》の塩《しお》である。もし塩《しお》がその持《も》ち味《あじ》を失《うしな》ったなら、どうやってそれを取《と》り戻《もど》すことができるだろうか。もはやその塩《しお》は何《なん》の役《やく》にも立《た》たず、外《そと》に投《な》げ捨《す》てられ、人《ひと》に踏《ふ》みつけられるだけである。

この福音を読めば、イエスは弟子たちに個性を求めていると分かる。

では、その個性とは何なのか？

それは、地上にある多くの宗教なのだ。

世界には、ユダヤ教、キリスト教、イスラム教、ヒンドゥー教、マニ教、ゾロアスター教、仏教、その他多くの宗教がある。

その中の十二の宗教の開祖が、十二使徒の霊魂だったのだ。七十二人も同じく地上にある宗教の開祖だった。イエスが集めた弟子たちは皆、地上に降ろされた宗教の開祖の霊魂だったのだ。

ただこれは、イエスの使徒たちの前世とか来世とかそういう話で、これも型に見せていることなので、そのものずばり弟子たちの皆がその宗教の開祖の霊魂であったのかは、実際のところは不明なのだ。少なくとも、イスカリオテのユダが違うことは明白だ。

そうやって、イエスは当時の人たちを使って、隠された真実や未来にあることを見せていた。

イエスが『地《ち》の塩《しお》』を語ったのは、創造主の立場からの話で、たくさんの国を造っても似たような国ばかりでは、その国がある意味がない、ということなのだ。

それ故、国主となる者たちには、神から個性ある国を造るように求められた。

地上の宗教を見ても、神の名から信仰のやり方、地域の特性を含めて、見た目にも個性的なものが多い。唯一神は、そうであることを善しとした。天国とは、宗教国家の集まりなのだ。


あなたも知っているだろう、地上では、神は宗教の中で語られる存在だ。

あなたは、何を求めてその宗教に入信したのか？

そう問うならば、《神に救いを求めて》とか、《神に心の拠《よりどころ》を求めて》と答えるのではないだろうか。


故に、天国は宗教国家であることが必然なのだ。


それ故にイエスは、地上の神から発生した外国のすべての宗教を総括する立場なのだ。

しかし、悪魔から発生した宗教は、当然範疇外《はんちゅうがい》だ。

故に、キリスト教徒たちは、イエスはキリスト教徒だけの救い主ではないと理解してほしい。

キリスト教徒なら、イエスに従うことで天国へ行けると思っている人は多いだろう。その認識は正しい。だが、イエスを信じるキリスト教徒だけが天国へ行けると考えるのは間違いだ。イエスは、天使（＝一般には神と言われる）が降ろしたすべての宗教の救い主となる。

唯一神は、一つの宗教を信じる人々だけを救うなんて、そんな心の狭い神ではないのだ。

それどころか、キリスト教徒にはちょっと酷な話になるだろう。

天国には、キリスト教という宗教国家があるだろうか？　そう問うて考えてみれば、ちょっと怪しいのではないかと思えるのだ。何故なら、イエスは宗教国家を造る国主となる役割の者ではないからだ。

それと同じように、ユダヤ教も天国には無いのではないかと思っている。それは、『旧約聖書』を読めば、多くの預言者がいたとしても開祖となる人間がいないからなのだ。

## 天国の人々

ここからは、天国に生きる人々について語ろう。

天国では、人は死ぬことはない。

故に、出産も不要なので、恋愛も結婚もない。

神が子を生むのは子宮の中だけ。それに、神は結婚して子を生むわけではない。それは、イエスの生まれを見れば分かる。イエスは、マリア一人によって生まれている。この奇蹟の意味は、《神は一人で一人の子を生む》と教えていたのだ。

マタイによる福音書　第二十五章46節（最後《さいご》の審判《しんぱん》）
これらの者《もの》たちは永遠《えいえん》の刑罰《けいばつ》に、正《ただ》しい人《ひと》たちは永遠《えいえん》の命《いのち》に入《はい》る。

マタイによる福音書　第二十二章30節（復活論争《ふっかつろんそう》）
復活《ふっかつ》の時《とき》、人《ひと》は娶《めと》ることも、嫁《とつ》ぐこともなく、天《てん》の使《つか》いと同《おな》じようである。

（最後《さいご》の審判《しんぱん》）を読めば、天国に行く『正《ただ》しい人《ひと》たち』は、『永遠《えいえん》の命《いのち》に入《はい》る』のだから《死なない》。しかし、地獄に行く『これらの者《もの》たち』も《死なない》故に『永遠《えいえん》の刑罰《けいばつ》』を受ける。つまり、地獄に行く者たちも『永遠《えいえん》の命《いのち》』なのだ。でも、生きていても楽しくはないだろう。
そして（復活論争《ふっかつろんそう》）では、『娶《めと》ることも、嫁《とつ》ぐこともなく』ということで、恋愛も結婚も出産もないのだ。

お筆先を読めば、神は寝ることも食べることも不要なようだ。そして、暑さ寒さも関係なく活動できるらしい。また、病気になることもない。でも、怪我はどうだろう？　神は死んでも生き返るそうだから、これも問題はないのだろう。この世の常識が崩壊する。それが天国なのだ。

## 天国には明確な身分がある

天国には身分がある。なので皆平等とは言わない。そして、その身分は永遠に変わらない。

最初に、幹《みき》となる三人がいる。

次に、枝《えだ》である国主となる者たち。

最後に、実《み》である民たち。

幹には、大君《おおきみ》として唯一神の『日《ひ》の出《で》の神《かみ》』、外国（＝天使）を担当する君《きみ》である『彦火々出見《ひこほほでみの》命《みこと》』、日本（＝神）を担当する君として『木花咲耶姫命《このはなさくやひめのみこと》』がいる。

枝となる者は、外国では、十二人・七十二人がいて、日本では、八人・四十八人がいる。

民とは、枝となる者が造る国々に住む者たちだ。

国主となる者は、日本と外国で合計一四〇人だけなのだ。この国主たちには特別な役割がある。それは、多くの民を住まわせる国を造ること、そして、自分が造る国に住むべき人々を集めることなのだ。

この国主の役割については、次の福音に書かれている。

マタイによる福音書　第十三章10・11節（喩《たと》えを用《もち》いる理由《りゆう》）
弟子《でし》たちはイエスに近寄《ちかよ》って、「なぜ、喩《たと》えであの人《ひと》たちにお話《はな》しになるのですか」と言《い》った。イエスは答《こた》えて仰《おお》せになった、「あなた方《がた》には天《てん》の国《くに》の秘義《ひぎ》を悟《さと》る恵《めぐ》みが与《あた》えられているが、あの人《ひと》たちには与《あた》えられていない。

『天《てん》の国《くに》の秘義《ひぎ》』とは、《自分の国を造る能力》のことで、それを『悟《さと》る（＝理解する）恵《めぐ》みが与《あた》えられている』ということだ。一般の民たちには国を造る能力はない。

マタイによる福音書　第十七章20節（悪霊《あくれい》の追放《ついほう》）
あなた方《がた》によく言《い》っておく。もし、あなた方《がた》に一粒《ひとつぶ》の芥子種《からしだね》ほどの信仰《しんこう》があれば、この山《やま》に向《む》かって、『ここからあそこへ移《うつ》れ』と言《い》えば、山《やま》は移《うつ》る。あなた方《がた》にできないことは何《なに》もない。

弟子である『あなた方《がた》』には、《国土の造成からその中にあらゆる物や動植物を造る能力》が『与《あた》えられている』。だから、山を動かす程度のことなら、『一粒《ひとつぶ》の芥子種《からしだね》ほどの信仰《しんこう》』でも十分に可能だとイエスは言った。

第九章1〜6節《ルカによる福音書》（十二人《じゅうににん》の使徒《しと》の派遣《はけん》）と第十章1〜12節《ルカによる福音書》（七十二人《ななじゅうににん》の宣教《せんきょう》）を読めば、イエスは国主たちに町へ向かわせている。そうさせた理由は、第二十五章14〜30節《マタイによる福音書》（タラントンの喩《たと》え）にあり、そこには《神の財産（＝天使の子たち）を集めなさい》と書かれている。天国に住むべき民たちが神の財産なのでそれをお金に譬えて、自分の国の民となる者を一生懸命に集め増やしなさい、という意味なのだ。その行いをすることで、人々が天国へと導かれ、多くの者が救われるのだから精を出しなさい、という話なのだ。

国土の中に住む民たちに、何かを造るという能力はない。
故に、民が何かを欲しいと望むなら、国主に頼むことになる。
それ故に、国主は、国土全体に気配り目配りをして、民の望む物を与える必要がある。
それ故、イエスは次のように言った。

マタイによる福音書　第二十章26・27節（ゼベダイの子《こ》らの願《ねが》い）
あなた方《がた》の中《なか》で偉《えら》くなりたい者《もの》は、かえってみなに仕《つか》える者《もの》となり、あなた方《がた》の中《なか》で第《だい》一《いち》の者《もの》になりたい者《もの》は、みなの僕《しもべ》になりなさい。

この福音は弟子に向けた話で、弟子たちは天国では国主になるので、その時のことを語っている。それ故、『偉《えら》くなりたい者《もの》』とは《国主になる者》のことになり、前の説明で《国主が民に『仕《つか》える者《もの》』になる》という意味は分かるだろう。それが天国の仕様なので、『第一《だいいち》の者《もの》になりたい者《もの》は、みなの僕《しもべ》になりなさい』ということになる。上の者が下の者を支えるのが天国の姿なのだ。

しかし、十二の国に序列はないので、ここにいる者の中で『第一《だいいち》の者《もの》』と言えば、該当するのはイエスになる。

だから、話の流れとしては合っていないのだが、参照していない所で『(22節)わたしが飲《の》もうとしている杯《さかずき》を飲《の》むことができるか』とイエスは言ったのだ。この『わたしが飲《の》もうとしている杯《さかずき》』とは、イエスが十字架に架けられることなのだ。

話を戻そう。

『あなた方《がた》の中《なか》で第一《だいいち》の者《もの》になりたい者《もの》は、みなの僕《しもべ》になりなさい』の『第一《だいいち》の者《もの》』とは、先ほどの説明の通りイエスなので、《イエスも『みな(=弟子たち)の僕《しもべ》』である》ということだ。

これは、前に引用した第十五章1・4・5節《ヨハネによる福音書》(イエスはまことの〈ぶどうの木《き》〉)を読めば分かるだろう。

実《み》は枝が支えている。枝は幹が支えている。

《上に立つ者が、実際は下から支えている》ということなのだ。立ち位置として見ても役回りとして見ても、《上の者が『僕《しもべ》』となる》という解釈なのだ。

『ぶどうの木《き》』とは、天国に生きる者のありさまを姿に見せて語っていたのだ。

今の地上にある社会の仕組みは、上の者が下の者から搾取《さくしゅ》するシステムだと知っているだろう。

それは、悪魔の社会システムなのだと、天国のあり方を知って理解されるのだ。

# イエスの布石

イエスは愛の存在か?

イエスは神の計画によって地上に遣《つか》わされた。

人々に天国を伝えること、最後の審判を伝えること、神の計画を伝えること、そのために地上に現れた。


イエスは、語るべきことと語れないことがあることを知っていて語っていた。更に、イエスは前提条件が分かっていなければ、人々が勘違いしてしまうように語っていたのだ。


それ故に、この解説が必要となった。

正しい道筋を知ってイエスの言葉を読めば、この世界に隠されていた真実が見えて来る。

イエスの行いと語った言葉のすべてが繋《つな》がって、未来が顕にされる。

それ故、イエスの言葉は預言になる。

# 二〇〇〇年前、イエスは人々に何を見せたのか？

イエスは、人々の病を治した。
これは、天国に入る者は、病気の者は一人もいないと伝えるために行われた。
イエスは、当時の教会の間違いを指摘した。
これは、道を正すために行われた。
イエスは、十字架に架けられて殺された。
これについては、次の福音に書かれている。

マタイによる福音書　第二十章28節（ゼベダイの子《こ》らの願《ねが》い）
人《ひと》の子《こ》が来《き》たのも、仕《つか》えられるためではなく、仕《つか》えるためであり、多《おお》くの人《ひと》の贖《あがな》いとして、自分《じぶん》の命《いのち》を与《あた》えるためである。

『多《おお》くの人《ひと》の贖《あがな》いとして、自分《じぶん》の命《いのち》を与《あた》えるため』に殺されて見せたのだ。

イエスは、ユダに裏切られたから殺されたのではなく、イエスの死は最初から計画されていた。

それが、神の計画だった。

それ故、捕まってからのイエスは、殺されるために相手を煽《あお》ったのだ。

イエスを殺させた人たちは、まんまと神の計画に乗せられた。

マタイによる福音書　第十三章30節（毒麦《どくむぎ》の喩《たと》え）
刈《か》り入《い》れまで、両方《りょうほう》とも育《そだ》つままにしておきなさい。刈《か》り入《い》れのとき、わたしは刈《か》り入《い》れる者《もの》たちに、〈まず毒麦《どくむぎ》を集《あつ》めて、焼《や》くために束《たば》にし、麦《むぎ》は集《あつ》めて倉《くら》に入《い》れなさい〉と言《い》いつけよう。

この福音を読んでも、イエスは愛だと思えるのだろうか？

『刈《か》り入《い》れ（の時）まで、両方《りょうほう》とも育《そだ》つままにしておきなさい』と言うことは、『刈《か》り入《い》れのとき』になれば、《キッチリと裁くぞ》と言っているようなものなのだ。その通り、『毒麦《どくむぎ》を集《あつ》めて、焼《や》くために束《たば》にし』、と書かれている。

『刈《か》り入《い》れのとき』とは、この世の終わりの時なのだ。

《最後の審判の時まで、悪はそのまま自由にさせておく》という意味だと、この福音を読めば分かるだろう。

イエスを殺させた者たちは、イエスの愛によって赦《ゆる》されているわけではない。ただ、裁きを猶予《ゆうよ》されているだけだ。

今でも、自分の罪を被害者《イエス》に擦《なす》り付けて、死人に口なしとばかりに言い訳（＝懺悔《ざんげ》）をする。

当時、イエスは不当な罪を着せられて殺された。それを行った悪を野放しにして、被害者《イエス》の関係者《弟子たち》が、そんなイエスの死を愛だと語る悍《おぞま》しさ。これを悪から見れば、悪がどう思うか分かるだろう。加害者（＝悪魔）の高笑いが聞こえるようだ。

今では被害者も教会、加害者も教会だ。どちらの教会も、そんな感性の人間が語る天国はどんなものなのか？　私なら、そんな怪しい精神の者が語る天国は辞退するよ。

話を戻そう。

『両方《りょうほう》とも育《そだ》つままにしておきなさい』の『両方《りょうほう》とも』とは、《善も悪も》という意味で、『育《そだ》つままにしておきなさい』とは、その言葉の通り、善も悪もそのままにしておけば自らの意思で成長していく。

悪は裁かれなければ自重《じちょう》を忘れ、だんだんと不遜《ふそん》の花を咲かせて、己の行いに言い逃れできないほどの悪を行って、最後の審判を迎える。

悪は、最後の審判の時、盛大に《ざまあ》されるために、そのままにされていただけなのだ。

神は、悪をますます調子に乗せるために、悪にイエスを殺させたのだ。

## 滅びに至る門

キリスト教徒も、神父や牧師の言うことを鵜呑《うの》みにしていたら地獄行きになると、そろそろ気付いてほしい。

だから、イエスはこう言った。

マタイによる福音書　第七章13・14節（狭《せま》い門《もん》）
狭《せま》い門《もん》から入《はい》りなさい。滅《ほろ》びに至《いた》る門《もん》は広《ひろ》く、その道《みち》は広々《ひろびろ》としていて、そこから入《はい》る人《ひと》は多《おお》い。しかし、命《いのち》に至《いた》る門《もん》は何《なん》と狭《せま》く、その道《みち》は細《ほそ》いことか。そして、それを見出《みいだ》す人《ひと》は少《すく》ない。

『狭《せま》い門《もん》』は、『見出《みいだ》す人《ひと》は少《すく》ない』。

それに対して、『滅《ほろ》びに至《いた》る門《もん》』は、『広《ひろ》く、その道《みち》は広々《ひろびろ》として』『そこから入《はい》る人《ひと》は多《おお》い』と言っている。

現在のキリスト教は、世界中に教会があり、その『門《もん》は広《ひろ》く』開かれていて、世界に二十三億人もの信者がいるほどに『そこから入《はい》る人《ひと》は多《おお》い』。イエスは、そんな未来を見てこれを語っていた。だから、キリスト教という宗教に入信しただけでは、『滅《ほろ》びに至《いた》る門《もん》』に入ってしまった、ということなのだ。

それに、天国にはキリスト教徒が住む国土は無いのだから、キリスト教という団体は、完璧なブービートラップとしてあったのだ。


だから、イエスの言葉を吟味して、『狭《せま》い門《もん》』を見つけ出さなければ、『滅《ほろ》びに至《いた》る門《もん》』に入ったままの状態に置かれてしまうのだ。


イエスを殺させるように仕向けた者たちも、イエスと同じ神を信仰していたはずだ。

イエスの言葉の本当の意味をあなたが見つけ出さないのなら、かつて、イエスを殺した者たちと同じ道を歩むことになる。

あなたの愛は、再降臨したイエスを再び殺すことなのか？

イエスの言葉の真実をあなたが『見出《みいだ》』さないのなら、あなたは今もイエスの思いを殺していると気付けよ。

『狭《せま》い門《もん》』は、イエスの言葉の真実を『見出《みいだ》』した『人《ひと》』の前にあるのだ。

悪魔は、何時《いつ》だって神より前に現れて、神の如《ごと》くに語って見せる。

イエスが宣教を開始する前、悪魔が現れて『荒れ野《あの》での試《こころ》み』が行われたと記されていたのは、イエスに対しても、例外なく悪魔が最初に現れたと教えるためだったのだ。

神父や牧師も、あなた自身も、まずは悪魔から接触を受けた。だが、彼らは福音に記された警告に気付かず、最初に接触してきた悪魔を神だと思って受け入れてしまった。

イエスは、悪魔を悪魔と気付けていたから、悪魔を退《しりぞ》けられた。

あなたは、教会にいる神父や牧師が神と悪魔を見分けられるほどの、イエスと同等以上の存在だと思うのか？

故に、キリスト教という宗教の門を潜《くぐ》って、そこがゴールだと思ってはならない。

神父や牧師が待ち構えている所に生《い》け捕《ど》りにされて、そこに留《とど》まるなら、そこが『滅《ほろ》びに至《いた》る門《もん》』の中なのだ。

あなたが成すべき本当の挑戦は、その『滅《ほろ》びに至《いた》る門《もん》』を越えた先にある。

福音の中で、イエスは何度もこの警告を発している。

故に、私もこの警告を何度でも知らせる。

## この宇宙について

この宇宙は、何度も膨張と収縮を繰り返してきた。

膨張させたこの宇宙に神が入り、神は神の児《こ》を生んで、神の児が臨月を迎えて出産の時期が来たら、親神は児と共にこの宇宙から出て、使用済みとなったこの宇宙は収縮して、土の塊《かたまり》へと戻る。これが、この宇宙の一工程だ。


もう少し詳しく言えば、神が土塊《つちくれ》をビッグバンで膨張させ、その中に入って神の児を生み、更に霊の世界と物質の世界を造り、次に神の児に霊体の肉体を与え、更に物質の肉体を与えて人間とした。人は、人間の肉体を持って地上を生き、死んで霊体に戻って霊界を生きるようになった。そうやって、霊体の肉体と物質の肉体を経験させて、神の児に多くの人生を経験させて学ばせていた。

故に、人間は、何度も生まれ変わるのが必然なのだ。

そうやって、何度も生まれ変わらせて、《善も悪も》『育《そだ》つままにして』いた。

なので、最後の審判とは、今の人生の行いだけが問われるのではなく、過去のすべての人生が審判の対象となるのだ。

つまり人は、とある宗教が言うような人生の清算を毎回行って霊界で天国や地獄を味わうのではなく、最後に一括で清算されることになる。

仏教が様々な地獄の様相を語っていたのは、悪に少しは自重させねばという思いからだ。

しかし、今どきの人間は、もう神も死後の世界も、その存在を否定する者たちばかりになってしまった。悪はそうやって自重することも忘れた。

これからこの世界は、タガの外れた人間が起こす犯罪、紛争、戦争、悪のやりたい放題が加速する。悪人でも、もうこれ以上はやめておこうと思う、そんな心すら投げ捨てた者たちが溢《あふ》れる。

そうして、永らく仏法《ぶっぽう》が支配していたこの世界は、「末法《まっぽう》」という仏法が人の心から消えかけた時代から、「滅法《めっぽう》」という、もはや仏法が人の心から消え去ってしまった時代に入ったことを知る。

だが、「神法」が復権するには、仏法という偽りの法が消える必要があった。

だから、《この流れも神の計画の通り》ということなのだ。

そうやって、大本に大峠が起こり、世界は終わりを迎える。

仏法《ぶっぽう》（＝物《ぶっ》質世界の法《ほう》則）が物質世界の崩壊とともに完全に消え去って、神が行う最後の審判が始まる。

この最後の審判が終わることで、この宇宙は終わりを迎える。

この宇宙の中心にある超巨大ブラックホールが急激に成長して一切のすべてを呑み込む。物質の原子もブラックホールの底で崩壊し、霊界の物質（＝暗黒物質）も原子崩壊して、クオークにまで分解されて圧縮され、この宇宙は一個の土《つち》の塊《かたまり》になる。

科学者は、この宇宙に暗黒物質とかダークマターがあると言いながら、悪霊の住処である霊界があることは認めない。それは、現代の科学者が悪霊に完全に支配されているからだ。

悪霊は、科学者をバックアップしてこの世界を発展させ、人間を物質一辺倒にさせる。人間を物質世界にのめり込ませれば、人間は神を疎《おろそ》かにするのだから、悪霊からすればこれが神に勝つ必勝法なのだ。

だが、時が来れば悪霊の意図など関係なく、この宇宙はブラックホールに呑み込まれ一つの土塊《つちくれ》になる。悪魔たちは、その土の中に閉じ込められる。それが、最後の審判が終わった後の最終地獄なのだ。絶対零度を超えてクオークすら動けず固結した完全絶対零度の土の中に悪魔は埋められる。この土塊に埋められたなら、たとえ悪魔でも抜け出すことは不可能だ。

善の者たちは、この宇宙が土塊になる前に脱出して、神界へと向かい、天国を造り上げる。そうやって、数十億年を天国で過ごし、また、この土塊を膨《ふく》らませて宇宙の中に入るのだ。土塊が膨らめば、土の中に固められていた悪魔たちも解放される。

それが、第三章31節《ヨハネによる福音書》（天《てん》から来《こ》られる方《かた》）で引用した『地《ち》から出《で》る者《もの》』なのだ。

そうやって、この宇宙は、神が児を生むために、何度も利用されてきた。

悪魔は、神から悪を行う者として生まれた。故に、悪魔は根っからの悪で、善に返るという改心はない。

改心して善に戻らなければならないのは、悪の世で悪の常識に染められて悪に落ちた善の者たちなのだ。

筆先には、こんなことが書かれている。

大本神諭　三巻P一五七～　大正六年旧十一月二十三日
初発《しょっぱつ》からの筆先《ふでさき》に、今度《こんど》は世界《せかい》が三分《さんぶ》になると毎度申《まいどもう》して知《し》らしてあるが、世界《せかい》は三分《さんぶ》になるぞよ。

大本神諭　三巻P八八　大正六年旧九月五日
日本《にほん》の国《くに》には、誠《まこと》の者《もの》が二分残《にぶのこ》る仕組《しぐみ》で在《あ》れど、

『世界《せかい》が三分《さんぶ》』とは、外国で天国に行ける者が『三分《さんぶ》になる』ということだ。

ことだ。

『日本《にほん》の国《くに》には、誠《まこと》の者《もの》が二分残《にぶのこ》る』というのは、日本人で天国に行けるのは『二分《にぶ》』だけ、という

つまり、外国では全体の三割が天国に行く善の魂を持つ者で、日本では日本にいる魂のうちの二割が善の魂を持つ者になる。

つまり、外国では七割が悪の魂。日本では八割が悪の魂なのだ。

この宇宙では、善の者は圧倒的に数が少ない。

多数決では、善は悪に負けてしまう。つまり、民主主義とは、善に勝つために悪魔が提唱する、悪に圧倒的に有利なシステムなのだ。

悪魔は、民主主義と資本主義で人間に物質世界を謳歌《おうか》させて物質にのめり込ませる。

もう一方で、社会主義の独裁国家を造り、独裁者の独善的な行いを見せて独裁者（≠唯一神）という存在を否定させる。

これが、悪魔の戦略なのだ。

悪魔が悪魔の智慧《ちえ》で、この世界の社会システムを造っていた。その目的は、善の者を徹底的に否定することなのだ。

だから、分かるだろう。

人が天国に行くには、悪魔によって悪魔のために造られたこの悪魔の社会を、一切否定しなければ

ならないのだ。

# 現実を知る

ここまで来れば、現実が見えて来ただろう。
この前提に立って、イエスの言葉を読めば、その言葉の意味が明確になる。
次の福音を見よう。

マタイによる福音書　第十章34〜37節（平和《へいわ》ではなく分裂《ぶんれつ》）
わたしが地上《ちじょう》に平和《へいわ》をもたらすために来《き》たと思《おも》ってはならない。わたしが来《き》たのは、平《へい》和《わ》ではなく剣《つるぎ》を投《とう》ずるためである。わたしが来《き》たのは、人《ひと》をその父《ちち》と、娘《むすめ》をその母《はは》と、嫁《よめ》をその姑《しゅうとめ》と対立《たいりつ》させるためである。自分《じぶん》の家族《かぞく》の者《もの》が敵《てき》となる。わたしよりも父《ちち》や母《はは》を愛《あい》する者《もの》は、わたしにふさわしくない。わたしよりも息子《むすこ》や娘《むすめ》を愛《あい》する者《もの》は、わたしにふさわしくない。

善の魂を持つ者は、外国では十人のうちの三人だけだ。五人家族なら、一人か二人が善の者で、あとは悪なのだ。なので、家族は分断することになる。
しかし、何故、善の者は善の者だけで集まり、悪の者は悪の者だけで集まらないのか？

それは、神がそうなるように魂を配置していたからだ。神は、どの親にどの魂を預けるのかを決めている。これだけは悪魔には任せられないから、神が管理していたのだ。

そうやって、何も知らない善の魂を持つ肉体を、悪の中に置いて悪に染めさせていた。

だから、誰一人『つまずきは避《さ》けられない』ということになる。

神がそうしているのだから『避《さ》けられない』のが当然だ。


では何故、神はそんなことをするのか？

それは、善の者に悪を経験させるためなのだ。それ故、正解の無い世界を生きさせて悪を学ばせた。

そうやって悪の世界で天国が造れるのかを探究させた。だが、どんなに頑張ってみても、これでは天国は得られないと思えた先で、神が正しい世界を示して、その世界へ自ら進もうとする者を天の父が祝福するために仕組んだことなのだ。

この神の計画に気付いて自らの意志で新しい世界を選ぶ。それを成せる者が、人々を天国へと導ける者となるのだ。

だから、みんな仲良く家族と一緒、そんな感覚で悪魔と仲良くする者は、『わたしにふさわしくない』のが必然なのだ。

また、こんな話もある。

マタイによる福音書　第十二章31・32節（聖霊《せいれい》に対《たい》する罪《つみ》）
だから、あなた方《がた》に言《い》っておく。人《ひと》の犯《おか》すどんな罪《つみ》も冒瀆《ぼうとく》も赦《ゆる》される。しかし、聖霊《せいれい》に対《たい》する冒瀆《ぼうとく》は赦《ゆる》されない。また、人《ひと》の子《こ》に言《い》い逆《さか》らう者《もの》は赦《ゆる》される。しかし、聖霊《せいれい》に言《い》い逆《さか》らう者《もの》は、この代《よ》でも後《のち》の代《よ》でも赦《ゆる》されない。

『人《ひと》の子《こ》に言《い》い逆《さか》らう者《もの》は赦《ゆる》される』と書かれた『人《ひと》の子《こ》』とはイエスだ。

つまり、イエスに『言《い》い逆《さか》らう者《もの》は赦《ゆる》される』と、イエスが言ったのだ。

何故、こんなことをイエスは言ったのか？

それは、現在のイエスの言葉は、教会によって歪められた解釈がなされているからだ。イエスの言葉でありながら、悪魔の理論が展開されているのが、今のキリスト教なのだ。だから、そんな悪魔の教えに『言《い》い逆《さか》らう者《もの》は赦《ゆる》される』という話なのだ。


『わたしが地上《ちじょう》に平和《へいわ》をもたらすために来《き》たと思《おも》ってはならない』という言葉が、あなたの心に刺されればと思う。イエスは、当時の権威に逆らっていたのだが、未来のキリスト教教会にも、それと同じように逆らわなければならない状況になると知っていた。

『父《ちち》』や『母《はは》』、『姑《しゅうとめ》』と語られているように、それら目上の者に対して『対立《たいりつ》』するように、信者にとって『父《ちち》』や『母《はは》』、あるいは『姑《しゅうとめ》』である《神父や牧師、シスターが言う教えに対して戦え》と、イエスは教えていたのだ。

マタイによる福音書　第二十三章10節（律法学者《りっぽうがくしゃ》とファリサイ派《は》の人々《ひとびと》に対《たい》する非難《ひなん》）

あなた方《がた》は『教師《きょうし》』と呼《よ》ばれてもならない。あなた方《がた》の教師《きょうし》はただひとり、メシアだけである。

『あなた方《がた》』とは弟子たちだ。その弟子たちに『『教師《きょうし》』と呼《よ》ばれてもならない』と言った。つまり、弟子たちは、正しいことを教えられないから『教師《きょうし》』失格だとイエスは言っていたのだ。

マタイによる福音書　第五章37節（誓《ちか》い）

『はい』は『はい』、『いいえ』は『いいえ』とだけ言《い》いなさい。それ以上《いじょう》のことは悪魔《あくま》から来《く》る。

イエスの弟子であろうと、イエスの言葉に自分の解釈を入れるのならば、そこに『悪魔《あくま》』が入るとイエスは言った。この福音はそういう意味だ。悪魔がどれほどに狡猾《こうかつ》か、脳天気な使徒たちでは悪魔に入り込まれるのは避けられないとイエスは知っていたのだ。

つまり、『新約聖書』の「使徒言行録」には、既に『悪魔《あくま》』の解釈が混じっている、ということなのだ。

だから、今の時代になっても『あなた方《がた》の教師《きょうし》はただひとり、メシアだけ』、使徒言行録でもイエスの言葉は参考にして良いけれど、使徒が語っていることは無視せよと、この福音で伝えていたのだ。

これは、福音書にも適用されて、イエスは、質問に対して質問者の意図を超えた回答をしている。それ故、福音の中からイエスの言葉のみを抜き出してその言葉の意味を考える必要があるのだ。故に、《神父や牧師が語る言葉ではなく、『聖書』に残されたイエスの言葉を聞け》と、《神の真実はイエスの言葉の中にだけある》と言っていたのだ。


私は、教会で学ばなかったので、教会の思想に影響されず、イエスの言葉をそのまま受け入れた。勿論《もちろん》、その背景にはお筆先がある。お筆先の言葉とイエスの言葉とが、矛盾なく符合する解釈ができた故に、私は自信を持ってこれを語る。

それ故、教会の何が間違っているのかも指摘できるのだ。


あとは、あなたがどちらを真実と思うのか。

どちらが神の言葉で、どちらを悪魔の言葉とするのか、それはあなたが選べば良い。

あなたも想像できるだろう。神の魂を持つ者は、神の言葉を正しいと思い、悪魔の魂を持つ者は、悪魔の言葉が正しいと思うものだということは。

それ故、あなたは、あなたの思うままに選べば良いのだ。
しかしそれでも、悪魔の魂の者であっても、真実の探求者はいるだろう。
だから、善の者でも悪の者でも、真実を探求する者に期待したい。
神は、善の者にも悪の者にも、その努力に報いてくれるのだ。
ところで、『聖霊《せいれい》に対《たい》する冒瀆《ぼうとく》は赦《ゆる》されない』と語られる『聖霊《せいれい》』とは何者なのか?
次は、この『聖霊《せいれい》』の話をしよう。

# 聖霊について

聖霊とは、どのような存在なのか?

聖霊は、教会の権威が語る分かったような分からないような、そんな不確かな存在ではない。

イエスは、『聖霊《せいれい》に言《い》い逆《さか》らう者《もの》は、この代《よ》でも後《のち》の代《よ》でも赦《ゆる》されない』と言っている。だから、聖霊に逆らえば地獄行きになる。なので、あなたが誰に従い誰に逆らうのか、それを明確にするためにも、聖霊を正しく理解しなければならないのだ。

この聖霊が分かることで、イエスが語った救いが明確になる。


まずは、最初に答えを言おう。

聖霊とは、あなたの魂を生んだ親なのだ。

日本人に対しては、神の児を生んだその親を聖霊と言う。

外国人に対しては、天使の児を生んだその親を聖霊と言う。

神も天使も、この宇宙に入って、たった一人の児を生んだ。

その児が、天国の次代を担う者なのだ。

そういうわけで、天国に行くべき者には必ず一人の聖霊がいる。

自分の魂の生みの親が聖霊で、あなたと聖霊は一卵性の親子なのだ。

だから、聖霊こそが、あなたにとって最も身近に感じるべき存在であるはずなのだ。

では、悪魔の方はどうかと言うと、悪魔は悪霊である故に聖霊とはならない。故に、悪魔の魂を持つ人間には、聖霊となる親は存在しないのだ。

つまり、そうであるが故に、悪魔が支配する今のキリスト教教会は、聖霊のことに対しては嘘《うそ》を連《つら》ねてでもその存在を明確にするわけにはいかなかったのだ。


だが、今はもう、聖霊を知らないではいられない時となった。

マタイによる福音書　第十六章27節（イエスに従《したが》う者《もの》）
人《ひと》の子《こ》は父《ちち》の栄光《えいこう》に包《つつ》まれて、み使《つか》いたちとともに来《く》る。その時《とき》、その行《おこな》いに応《おう》じて、一人《ひとり》ひとりに報《むく》いる。

この福音の『み使《つか》いたち』とは、あなた方を救いに来た《聖霊たち》なのだ。

この福音に書かれた状況は、最後の審判が始まる直前の時だ。

この時には、あなたの肉体は既に死んでいる。だがそれが、あなたがあなたらしくいられる最後の時なのだ。

だから、この本を読んだなら、読んだ価値があるように、最後の最後でイエスから聖霊を唆《けしか》けられる前に、あなたにできることを語ろう。

でもその前に、あなたが生きているこの世界の周りに何があるのか？

そのことについて語ろう。

# この宇宙の構造

この世界の全体像は、どうなっているのか？

福音書からでは情報が足りないので、お筆先から説明していこう。

『聖書』に書かれている神と聖霊、悪魔と悪霊、実はこれらには明確な違いがある。しかし、『聖書』では霊界のことが明確に語られなかったので、この世界の現象に『聖書』の言葉を当てはめて勘違いしてしまったのだ。

まずは、お筆先に記された正しい「天地創造」から話そう。『旧約聖書』の「創世記」とはまったく違うので比較しようとか考えないで読んでほしい。

《神が神界からこの宇宙に入った初期の状態は、全体が真っ暗で泥海のような世界だった。

そこには霊界も物質世界も無く、それらの世界の原料が混濁した状態で漂っていた。

神は、その混濁した泥海を土と水に分離して、水を材料に霊界を造り、土を材料に物質世界を造った。それぞれの世界が出来上がったところで、神は霊界で生きるための霊体の肉体を造った。

また神は、神が生んだ児が生きる世界として、物質世界に物質を材料にして肉体を造った。》

ここまでの説明で、悪霊という存在は、霊界の世界で生きる存在だと分かるだろう。

聖霊も、霊界という世界で生きる存在だ。そして、一般に人間が認識している神とは、この霊体を纏《まと》った状態で存在する人の姿をした者たちなのだ。

では、霊体を纏う前の神や悪魔の姿は、どのようなものなのか？

神や悪魔は、泥海から霊界を造り、物質世界を造ったのだから、神や悪魔は霊界や物質世界に所属しない存在だと分かるだろう。

つまり、《神や悪魔には、霊界の霊体や物質の肉体を得る前の姿が有る》ということになる。

人は、これまで命の根源に《魂《たましい》》という言葉を使ってきた。《魂《たましい》》をこの新たな情報に照らせば、霊体や物質の肉体を持たない《素の状態》のことだと分かるだろう。そして、《素の状態》でも体があって、お筆先によれば、それは《蛇体《じゃたい》の竜《りゅう》》の姿なのだ。

日本の古い寺社の天井には、蛇体の竜が数多く描かれている。実は、その姿こそが、神や悪魔の本当の姿だったのだ。そして、天使の魂の姿も蛇体の竜なのだ。

天使も出てきたので、ここで神と天使と悪魔の区分けについて説明しよう。

神は善、天使も善、そして悪魔は悪なのだ。魂においては、善は善であり、悪は悪なのだ。なので、《天使が悪落ちして堕天使になる》というような事実はない。ただ、お筆先を読めば堕天使と言える役割の者は存在していて、それは素盞嗚尊《すさのおのみこと》なのだ。しかし、素盞嗚尊の魂は最初から悪なので、悪落ちしたわけではない。

その素盞嗚尊よりも堕天使の役割に相応《ふさわ》しいと言える者が実はイエスで、イエスは日本で王仁三郎に生まれ変わって、悪を行って見せていたのだ。

話を戻そう。

これまで人間は、命の本体が魂で、その魂には形があって、それが蛇体の竜の姿であることすら知らなかった。だから、人間が蛇体の竜の姿を見ても、それが神か悪魔か天使かなんて見分けることは不可能だ。

では、霊体の姿ならどうか？

悪魔が霊体を纏《まと》えば、《悪霊》という存在になる。だが、悪魔が霊体を纏う時、外見だけなら神にも天使にも成れる。それは、人間がバーチャル空間でアバターを作成して動かすくらいの感覚なのだ。悪魔は、外面《そとづら》だけなら美しく威厳に満ちた存在に見せることも可能だ。また、その一方で悪霊らしい姿を造って見せて、悪魔は善と悪の両方の役をやっていた。だから、人間からは、その姿を見ても神か悪魔かは見分けられないのだ。

と言うよりも、既に語った通り姿を見せないのが善の神のルールなのだから、人間の前に安易に姿を見せる神や天使は、全部悪魔だと結論するのが正解だ。とは言っても、旧約も含めた『聖書』に現れる天使は、すべてとは言い切れないけれど善の方だろう。

また、二ページほど前に、《神や悪魔は、泥海から霊界を造り、物質世界を造った》と語ったのだが、天地（＝霊界と物質世界）を造ったのは神ではないのか？　悪魔も天地を造ったのか？　という疑問があると思うのだが、これは、《悪魔も天使も造った》が正解だ。

お筆先では、悪魔は「悪神」と表現されている。お筆先では、悪魔も神のカテゴリーなのだ。悪魔はこれまで神として人々の上に君臨し、神のように振る舞っていた。

お筆先では、《神がこの行いを評価して、悪魔も神として扱っていた》なんてことではなく、人間をこれまでの常識という迷宮に閉じ込め、真実を簡単に見抜けないように語っていたのだ。

お筆先を読んでもこの秘密に気付かなければ、これまでの常識に縛られ、神に化けた悪魔に騙されたままで安住することになる。

その代表格が大本教団で、お筆先という神の教えを降ろされた中心地が悪魔に占領されていたのだ。こう言うと、悪魔の活動に神が協力しているように聞こえるだろう。実際、その通りなのだ。そうやって、悪魔が入り込む隙を作っていたのだ。

神が降ろした教えに、悪魔が寄《よ》って集《たか》って教えを歪めてしまう。神は大本という団体を使って、悪魔はこうやって神の教えを歪めてしまうのだと、世界中に見せるためにそれを行わせていた。世界中の宗教がそうなっていることを教えるために、神はそれを大本にさせたのだ。だから《現在、神の正しい教えをしている宗教団体は、世界中の何処にもない》という話なのだ。


話を戻そう。

神や悪魔や天使は皆、蛇体の竜が魂《たましい》の姿で、それこそが命《いのち》の本体だった。

聖霊や悪霊が、人間の姿をしているということは、これらは皆、霊体の存在だと分かるだろう。

聖霊は善の者なのだが、悪魔も姿だけなら聖霊に化けることは可能なのだ。


もう一つ、ここまで読んで来ても、誰もが神に対して次のように感じているのではないかと思う。

それは、霊体の人の姿をした存在を神だと信じていた人間には、その神が万能で完璧な神だと思っていただろう。だが、永遠を生きているのは神と天使と悪魔で、少なくとも悪霊は、この宇宙が出来てから造られた存在なのだ。だから、霊がその本体の魂と同等のことを知っているわけではない。生命として魂と霊は、一体の存在ではある。だが、すべてを共有しているわけではなく、それぞれが独立した存在なのだ。

この説明だけでは分かりにくいと思うので、人間で考えてみよう。

人間には、肉体があり、霊体があり、魂がある。だが、人間には霊体の気持ちも魂の思いも分かりはしない。つまり、人間は魂と霊体と肉体の一体の存在としてあるのだが、それらは独立した知識と感情を持って思考する、それぞれに自分という個を持つ存在なのだ。

人間は物質世界で生きている。それと同じように霊体も霊界で生きている。そして、魂は魂のいる世界があるのだから、それぞれがそれぞれの世界に適応して生きる必要がある。

そういう状態であるから、人間は魂と霊体が無ければ存在できないのが真実でありながら、魂も霊体も無くても生きていけると思っている人間が存在することが可能なのだ。

とは言っても、そのように思っている人間は、魂や霊体から、自分の肉体にそう思うように裏から誘導されているからなのだが、それでも、それぞれに独立した存在ではあるのだ。

少々、毛色の違う話をしてきた。聖霊についての話をしよう。

第十六章27節《マタイによる福音書》（イエスに従《したが》う者《もの》）には、『人《ひと》の子《こ》は父《ちち》の栄光《えいこう》に包《つつ》まれて、み使《つか》いたちとともに来《く》る』とある。だが、その『み使《つか》いたち（＝聖霊）』が現れるのは、最後の審判の時だ。

ところが、実は、最後の審判の前に聖霊と会う方法がある。誰も気付いていないようだが、イエスはそのことを福音の中で確《しっか》りと語っている。イエスにとっては、それこそが弟子たちに伝えるべき最も重要なことだったのだ。


なので、自分が現代に生きるイエスの弟子だと自覚する者ならば挑戦してみてほしい。

それが単なる思い込みか、悪魔の囁きか、心からの衝動か、聖霊からの誘いか。

何であろうと、自分の中に真実を求める思いがあるのなら挑戦してほしい。


教会の教えは信仰を説くばかりで、あなたの疑問に答えてはくれないと知っているだろう。むしろ間違いを教えている。そこに、自分で真実をつかむ手段が現れたのだ。ならば、これに挑戦してみる価値は高い。

自ら望んで聖霊による洗礼を受けることで、生きているうちにイエスの言葉を正しく理解できるようになるのだ。

と、それを当然のように言われても、イエスの言葉を正しく理解するのに、何故、聖霊に会わなければならないのか？　なんて疑問も頭に浮かぶだろう。

それらの疑問の答えも含め、次章から聖霊に会う方法について話していこう。

# 第五章　天国へのルート案内

# 団体戦より個人戦をお勧め

先ほどの第十六章27節《マタイによる福音書》（イエスに従《したが》う者《もの》）が、最後の審判の時に聖霊と会うシーンなのだが、これは団体戦の場面なのだ。この時には、人類は滅亡後で人々は霊体の状態で集められ、そこに聖霊が来て『その行《おこな》いに応《おう》じて、一人《ひとり》ひとりに報《むく》いる』という流れになる。

ところで、あなたは知っているだろうか？

聖霊は寝る必要がなく食事も不要、トイレにも行かない。

そんな聖霊が、あなたに貼り付いてあなたを陰から見ていたのだ。一日二十四時間、一年三六五日、片時も目を離さずに見ていた。あなたの今世の行いも前世の行いも、そのまた前世の行いも、全部見ていたのだ。

そんな聖霊が、『その行《おこな》いに応《おう》じて』あなたに『報《むく》いる』と言うのだから、逃げも隠れも、言い逃れもできないだろう。

だが、そんな団体戦を行う前に聖霊に会えたなら、個人戦に自動的に突入する。

それができたなら、メリットは非常に大きなものになる。

なので、その方法について教えよう。

## 狭い門

それは、次の福音に書かれている。

この福音は既出だが、今度は『狭《せま》い門《もん》』の方がメインだ。

マタイによる福音書　第七章13・14節（狭《せま》い門《もん》）
狭《せま》い門《もん》から入《はい》りなさい。滅《ほろ》びに至《いた》る門《もん》は広《ひろ》く、その道《みち》は広々《ひろびろ》としていて、そこから入《はい》る人《ひと》は多《おお》い。しかし、命《いのち》に至《いた》る門《もん》は何《なん》と狭《せま》く、その道《みち》は細《ほそ》いことか。そして、それを見出《みいだ》す人《ひと》は少《すく》ない。

聖霊に会うには『狭《せま》い門《もん》』に入る必要がある。

自らの意志で、『狭《せま》い門《もん》』に入ることをお勧めする。

イエスの弟子で、国主となる者ならば、これは成さねばならないことだ。

そんな役割の者なら、既に聖霊から何らかのアプローチがされているのではないかと思う。

次の福音は、『狭い門《せまもん》』に入り聖霊に出会った先で、あなたが成すべきことが書かれている。

マタイによる福音書　第五章25・26節（殺人《さつじん》）
あなたを訴《うった》える人《ひと》と一緒《いっしょ》に行《い》く途中《とちゅう》で早《はや》く和解《わかい》しなさい。そうでなければ、訴《うった》える人《ひと》は裁判官《さいばんかん》に引《ひ》き渡《わた》し、裁判官《さいばんかん》は下役《したやく》に引《ひ》き渡《わた》し、あなたは牢《ろう》に入《い》れられる。よく言《い》っておく。最後《さいご》の一《いち》クァドランスを払《はら》うまで、あなたは決《けっ》してそこから出《で》ることはできない。

まずは、この福音の状況を理解しよう。

最初に登場する『あなたを訴《うった》える人《ひと》』が聖霊だ。その聖霊と『一緒《いっしょ》に行《い》く途中《とちゅう》で早《はや》く和解《わかい》しなさい』というのがこの福音の主旨で、それがあなたの成すべきことだ。

聖霊と『和解《わかい》しな』ければ、『裁判官《さいばんかん》に引《ひ》き渡《わた》』され《最後の審判が行われる会場》という『牢《ろう》に』『あなたは』『入《い》れられ』てしまう。

だから、そうなる前に聖霊と『和解《わかい》』できたなら、最後の審判（＝火の洗礼）を回避できるという話なのだ。これは、人間としてまだ生きているうちに聖霊と会った場合の話だ。

『あなたは』、団体で『牢《ろう》に入《い》れられる』前に聖霊に会い、『最後《さいご》の一《いち》クァドランスを払《はら》』って『和解《わかい》』する必要がある。

それが間に合わなかった場合は、死後の霊界に集められて、団体で『牢《ろう》』に入れられて最後の審判となる。その『牢《ろう》』の中では、あなたは強制的に改心を求められ、そんな状況でも自らの意志で『最《さい》後《ご》の一《いち》クァドランスを払《はら》』えば出られるのだ。

どちらにしても、あなたが『最後《さいご》の一《いち》クァドランスを払《はら》』わないなら、聖霊から赦《ゆる》されることはない。

つまり、天国へ行くすべての人は、『最後《さいご》の一《いち》クァドランスを払《はら》』って、聖霊から赦される必要が
あるのだから、《その前に赦されていると思っている人は、完全に勘違いしている》という話なのだ。

あなたが赦しを得なければならないのは、イエスではなく聖霊からなのだ。

そんなわけで、人は『最後《さいご》の一《いち》クァドランス』を払わねばならないのだが、この『最後《さいご》の一《いち》クァド
ランス』が何なのかが分からなければ、赦しを得る手段すら得られないことになる。
なので、『最後《さいご》の一《いち》クァドランス』について説明しよう。
と、思ったのだが、やっぱり説明の足りない所があって、この先の話ができない。

キリスト教徒なら、霊界が存在してそこに神や天使がいると思っている人も多いだろう。だが、霊
界の情報が少なすぎて、現状の知識が前提では、複雑怪奇な真実を説明できないのだ。
なので、次の項で、なるべくシンプルに神霊の世界を説明するので、そうなんだと思って納得して
ほしい。

## 幽霊の所在

この宇宙は物質世界だけで存在するわけではない。

科学者が言う通り、ダークマターやダークエネルギーが存在している。

そのダークマターが霊界を構成する物質なのだ。そしてダークエネルギーが神界を構成する物質になる。

神界には魂である蛇体の竜が存在する。神も天使も悪魔も命の本体は蛇体の竜だ。

霊界には霊界の物質で出来た人の姿をした霊体の神がいる。そこでは、天使も悪魔も人の姿だ。

また地上では、人間が物質の肉体を持って存在する。

そして、人間は地上で死ぬと、死後の世界へと向かうのだ。

## 神界と霊界と地上と、もう一つの世界

これまでの説明では、死後の世界を霊界と言っていた。だが、もう少し正確に言えば、人が死んで向かう場所は、霊界の中の《中界《ちゅうかい》》という世界なのだ。

なので人は、《中界》から地上に生まれ、地上の肉体が死ねば霊体となって中界へと帰って行く。

その《中界》とは、日本神話の『古事記』では、《黄泉の国《よみのくに》》とも言われた場所なのだ。

しかし、その中界には悪霊が住んでいた。

人間は、死ぬとそんな悪魔のいる世界へと帰って行くのだ。


こんな話を聞けば、そんな馬鹿な！　って思うだろう。しかし、残念ながらこれが事実だ。

これまで霊能者が霊界を見たと語っていたのは、実際には中界だったのだ。この中界は、人間のイメージが強く出るので、民族による集合的無意識や宗教による霊的概念が、中界のイメージに影響する。カトリック教が語る天国や地獄や煉獄《れんごく》は、全部中界にあって悪霊が運営していた。プロテスタント教が語る霊界は、教会のご都合が強く反映していて、信者でも今どきの感覚を持つ人なら信じてはいないだろう。

それに、本当の天国や地獄は、最後の審判の後に行くのだ。だから、この宇宙の中にある《なんちゃって天国》や《賑《にぎ》やかな阿鼻叫喚《あびきょうかん》地獄》は悪魔が造ったもので、その運営も悪魔が行っていたのだ。

霊界の運営を誰が行っているのか？　なんて考えた人はこれまでいなかっただろう。

あなたは、血の池に突き落として罪人を棒で突ついている餓鬼を神の化身だと思ったかい？

あんな行いは悪霊だからできたのだ。

ここで理解するべきことは、《人間は、この世界でもあの世でも、悪魔が支配する世界を巡っていた》ということなのだ。人間は、最初から、神に化けた悪魔に霊まで丸呑みにされていた。神霊界のことを人間に伝えた霊能者は、悪魔の手先にするために、悪魔から霊能力が与えられていた。

こんな状態である故に、「神を分かれ」と正統な神から人間に真実を伝えても、すぐに人間は悪に呑み込まれてしまうのだ。そんな背景を理解して、新旧の『聖書』を読み返せば、預言者を否定する者たちの根拠が何処にあるのか、そこに、なるほどと納得できるものがあるだろう。

イエスは、中界の外に本当の神のいる霊界があって、そこにいる神が本物だと知っていたが故に、悪魔に騙されなかったのだ。

正統な神から来たものと悪魔から来たもの、本物を知らなければ、見分けるのは不可能なのだ。

あなたは、イエスの弟子たちがこれを理解していると思ったかい？

だからイエスは、《弟子たちに教師はさせられない》と言ったのだ。

話を戻そう。

この宇宙の中を大雑把に分けると、物質世界と霊界になる。

神は天地を創造した。それは、天（＝霊界）と地（＝物質世界）を造ったという意味なのだ。

もし天地のことを、天が宇宙で、地が地球だと思っていたのなら、それは勘違いなのだ。

中界は、天と地の間の、地球に近い所に悪魔によって造られた。故に、神は、中界を造ってはいないのだから、中界を造ったとは語らないのだ。

神は、この宇宙に入って神の児を生んだ。

その神と神の児の魂は、この宇宙でダークエネルギーだけが満ちた神界にいる。

神は、霊界の物質で霊の世界を造り、霊界の物質で人となる肉体を造った。その霊界の肉体に、物質世界を生きるための肉体を与えて、地上で人間として生きられるようにした。

この物質世界の肉体は、この世界の物質で造られている。

## 人には、もう一つ肉体がある

こうやって神は、霊界と物質世界に肉体を造ったのだが、実は、人間にはもう一つ肉体がある。

その肉体とは、神が人間に「あなたが育てよ」と与えた肉体なのだ。

それは、一般には幽霊とか先祖の霊と認識されているもので、その実態は、生前の人間の意識で凝り固まって形作られた霊なのだ。

つまり、人間の意識によって形作られているので、人間が生きている時からその霊は存在する。その霊とは、人間には自分の心として認識される。その心が、中界で霊体の肉体を持って独立した活動をしている、ということなのだ。

つまり、人間の心の動きが中界では外見となって現れて、神からも悪魔からもその人間の心の動きが丸見えになっていたのだ。

こんな話をすると青ざめてしまう人が大勢いそうではあるが、イエスもそんな話をしている。

その福音を見よう。

マタイによる福音書　第五章21・22節（殺人《さつじん》）
あなた方《がた》も聞《き》いているとおり、昔《むかし》の人々《ひとびと》は、『殺《ころ》してはならない。人《ひと》を殺《ころ》した者《もの》は裁《さば》きを受《う》ける』と命《めい》じられていた。しかし、わたしはあなた方《がた》に言《い》っておく。兄弟《きょうだい》に対《たい》して怒《いか》る者《もの》はみな裁《さば》きを受《う》ける。また兄弟《きょうだい》に『ばか者《もの》』と言《い》う者《もの》は、最高法院《さいこうほういん》に引《ひ》き渡《わた》され、『愚《おろ》か者《もの》』という者《もの》は、火《ひ》の地獄《じごく》に落《お》とされる。

イエスは、『兄弟《きょうだい》に対《たい》して怒《いか》る者《もの》はみな裁《さば》きを受《う》ける』と言っている。

『怒《いか》る』だけで、何故、『裁《さば》きを受《う》け』なければならないのか？

人間の心の動きが、神には見えているからなのだ。

自分の心の中なら、何をやってもバレないと思っていた方々、ご愁傷様です。

《本音と建前》のように、見た目だけ、見せかけだけを美しく飾っていても、神には心が見えていたのだから、外見を取り繕《つくろ》うよりも心を美しくしなさい、という話なのだ。

『兄弟《きょうだい》に対《たい》して怒《いか》る』のなら、『怒《いか》る』だけにしておくべきだった。そこには怒る理由があったのだろう。だが、その怒りに対して心の中でだけでも《ぶっ殺してやる》なんて考えてはいけなかったのだ。あなたの心の中での殺人のシーンを、神は見ていたのだ。

だが、そんな過《あやま》ちも、その『兄弟《きょうだい》』を赦すのなら、あなたも赦される。

そんなことを語る福音もある。

マタイによる福音書　第六章14・15節（主《しゅ》の祈《いの》り）
人《ひと》の過《あやま》ちを赦《ゆる》すなら、あなた方《がた》の天《てん》の父《ちち》もあなた方《がた》を赦《ゆる》してくださる。しかし、あなた方《がた》が人《ひと》を赦《ゆる》さないなら、あなた方《がた》の父《ちち》も、あなた方《がた》の過《あやま》ちを赦《ゆる》してくださらない。

その通りのことが書かれている。

さて、あれこれと話したので、ここまでをまとめよう。

一人の人間には、神が造った魂と霊体と肉体があって、人間が育てた霊体もある。霊体が二つあるので、神が造った霊体を「本霊《ほんれい》」、人間が育てた霊体を「肉体霊《にくたいれい》」と言うことにする。

これらの存在には、それぞれに所属する世界がある。魂は神界、本霊は霊界、肉体は物質世界、肉体霊は中界が住処《すみか》となる。

そして、それらの存在には、それぞれに意味がある。

それは、魂は命の本体。本霊は人間の肉体の元であり、魂を収める死なない器《うつわ》なのだ。本霊があるから、魂を人間の肉体に収められる。そうやって人間は何度も生まれ変わり、生まれるたびに肉体霊もリセットされて赤ん坊になり、人の心の成長とともに肉体霊も成長する。

これは、人間の肉体が胎児となった時に、神が「この子を育てなさい」と、胎児の肉体に霊の赤ん坊を授けていたということだ。人間は、神から授けられた中界にいる肉体霊を、自分の心（＝自我）だと認識していたのだ。

何故、何度もリセットして地上を生き直すのか？

それは、赤子から青年、そして親になり老人へと変化する中で、それらのあらゆる状況や立場を経験し、学ぶためなのだ。

霊界では、成長や立場などの変化がないので、経験の幅が狭まってしまうからなのだ。

# 最後の一クァドランス

《赤子から老人へ、また、あらゆる状況や立場を経験する》ことで、あなたという存在が浮き彫りにされる。

聖霊は、あなたの魂が生まれてからこれまで、輪廻《りんね》したすべての人生を見ていた。

神は、あなたを物質世界へ出現させる親を選定し、人生を設定し、あなたが何をどう思い生きるのかを見ていた。


あなたが経験を積み、心が擦り切れ歪んでいく様《さま》を見る。

悪の世で、悪の正義に乗せられて、悪に染められていく様を見る。

神から降ろされたはずの宗教を、悪が乗っ取り悪の教義に変えられて、悪の教えに歪められていく様を見る。

科学の発展に、物質世界を謳歌して、神を忘れていく様を見る。

そうやって、全方位から悪に染められて、人は《つまずかされた》のだ。

そのようにして地上で育った人間の心が中界で生きている。

中界にある心は、この世界の教育を受けて情報過多になり、科学の発展で人が使う道具も種類が増え、使い方も複雑になる。食事にも、食物アレルギーが現れ、食材選びにも調理にも神経を遣う。人間も男女二種類だけのはずが、性の混乱に当事者も周りの人たちも振り回され、学校でも社会でもあらゆる物もシステムも人間関係も複雑になって、あれもこれもと気を遣ってストレスが増すばかり。

悪魔は、何もかも複雑にして、それが進化発展というものだと言う。

中界で生きる肉体霊は、知識も自我も物欲も、何もかも呑み込んで肥大して太り、怒りや不平不満の感情のゴミ捨て場同然にされて、神から見れば、醜《みにく》い化け物になっていたのだ。

さて、肉体霊の方はこんな状態なのだが、霊界にいる本霊の方はどうかと言えば、聖霊や兄姉《きょうだい》に教育されながら、地上や肉体霊を見て、「おいおい、すごいな、とんでもないな」なんて言っていただけなのだ。

だが、そうやって本霊は、悪が、こんなにも狡猾《こうかつ》で醜い存在なのだと学んでいたのだ。

『最後《さいご》の一《いち》クァドランス』を語る前に、この情報も必要だと書いてみたら、思ったより長かった。

さっさと本題を語ろう。

## クァドランスの意味

『クァドランス』は貨幣の単位で、一ドルの《ドル》とか、一フランの《フラン》とかと同じだ。

まずは、現代人が何クァドランス持っているのか、ということが問題になる。

しかし、『クァドランス』は貨幣の単位ではあるが、イエスが福音で語っていたのは、お金や資産のことではない。これは、天国へ行くには不要なもの、知識、経験、感情も含めた思い、こだわり、この世にある物、すべてなのだ。

学校や社会で学んだことから「赤信号で止まりなさい」とか、目的地までの道順とか、仕事に必要な知識、日常で湧き起こる感情、溜《た》め込んだ不満、それらのすべてを集めれば、《現代人は、どんな貧乏人でも借金持ちでも、数百万から数千万クァドランスの大金持ち》ということなのだ。

マタイによる福音書　第十九章23・24節（富《とみ》の危険《きけん》）
そこでイエスは弟子《でし》たちに仰《おお》せになった、「あなた方《がた》によく言《い》っておく。金持《かねも》ちが天《てん》の国《くに》に入《はい》るのは、難《むずか》しいことである。重《かさ》ねて、あなた方《がた》に言《い》っておく。金持《かねも》ちが神《かみ》の国《くに》に入《はい》るよりは、らくだが針《はり》の穴《あな》を通《とお》るほうが易《やさ》しい」。

この福音でも、イエスの言う『金持《かねも》ち』の意味は、先ほどの説明の通りなのだ。

多くの知識や経験を溜め込んで《肥大化した自我では、『針《はり》の穴《あな》を通《とお》』れない》という話なのだ。

そんな人間よりも、《自我のない『らくだが針《はり》の穴《あな》を通《とお》る』のは簡単なこと》なのだ。

この解釈なら、イエスの言葉に納得できるだろう。

つまり、『クァドランス』とは、《自我の大きさ》だったのだ。


ここまで説明して、やっと元に戻れる。

再度、この福音を出そう。

マタイによる福音書　第五章25・26節（殺人《さつじん》）
あなたを訴《うった》える人《ひと》と一緒《いっしょ》に行《い》く途中《とちゅう》で早《はや》く和解《わかい》しなさい。そうでなければ、訴《うった》える人《ひと》は裁判官《さいばんかん》に引《ひ》き渡《わた》し、裁判官《さいばんかん》は下役《したやく》に引《ひ》き渡《わた》し、あなたは牢《ろう》に入《い》れられる。よく言《い》っておく。最後《さいご》の一《いち》クァドランスを払《はら》うまで、あなたは決《けっ》してそこから出《で》ることはできない。

この『最後《さいご》の一《いち》クァドランス』とは、この世界であらゆるものを取り込んで肥大化した自我を、『一《いち》クァドランス』になるまで削り落とした状態のことだ。削り落とすと言っても、記憶を無くせという話ではない。価値がないと気付くことなのだ。せっかく、何度も生まれ変わって悪を学んだのだ。永い時をかけて学んだことをあっさり忘れてしまっては、学んだ意味がないのだ。

これまで自我と言っていたものは、中界にいる肉体霊だ。なので、肉体霊から『一《いち》クァドランス』になるまで汚れを落としたその『最後《さいご》の一《いち》クァドランス』が、あなたの本来の心の姿なのだ。その姿になるまで、あなたは聖霊から強制的に削《けず》られる。

そうやって、本当の姿となった自分の肉体霊を、自分の意志で聖霊に捧《ささ》げることで、《聖霊の包囲網》という『牢《ろう》』から出られることになる。

これを福音と合わせて語るとこうなる。

《本当の姿となった自分の肉体霊（＝『最後《さいご》の一《いち》クァドランス』）》を《自分の意志で（＝『和解《わかい》』して）》聖霊に《捧げる（＝『払《はら》う』）》ことで、《聖霊による洗礼（＝聖霊の包囲網）という『牢《ろう》（＝贖《あがな》いの場）』》から出られるのだ。

これは、個人戦でも団体戦でも、あなたがやるべきことは同じだ。

ただ、団体戦では、あなたが望まなくても聖霊はやって来る。しかし、個人戦の場合は、生きている間に自らの意志で聖霊に会う必要がある。それを行うためには、人間の側から聖霊を探し出さなければならないのだ。

その聖霊に会う入り口について語っていたのが『狭《せま》い門《もん》』なのだ。

## 狭い門のある場所

マタイによる福音書《マタイによるふくいんしょ》第七章13・14節（狭《せま》い門《もん》）は既に参照した。なので、それに関連する福音を出そう。

マタイによる福音書　第七章7節（祈《いの》りの力《ちから》）

求《もと》めなさい。そうすれば与《あた》えられる。探《さが》しなさい。そうすれば見出《みいだ》す。たたきなさい。そうすれば開《ひら》かれる。

この福音は、『狭《せま》い門《もん》』に対して行うことを語っている。『狭《せま》い門《もん》』を『求《もと》めなさい』、『探《さが》しなさい』、『たたきなさい』。『そうすれば与《あた》えられ』、『見出《みいだ》』し、『開《ひら》かれる』と言っている。この福音は、『狭《せま》い門《もん》』のことを語っていたのだ。

聖霊に会うためには、『狭《せま》い門《もん》』に入らなければならない。しかし、その『命《いのち》に至《いた》る門《もん》』は、未だに発見されないほどに『狭《せま》く』、その先にある『その道《みち》は細《ほそ》い』のだ。その細い道を聖霊と歩み、『最《さい》後《ご》の一《いち》クァドランス』を『払《はら》う』ことで、永遠の『命《いのち》に至《いた》る』。

しかし、それを行うにも、何処に求めれば良いのか？　何処を探せば良いのか？　何処をたたけば良いのか？

結局、それが分からなければ、どうすることもできない。

ならば、それは一体何処にあるのか？

簡単に答えよう。それは、《あなたの中》にある。


日本人のあなたにとって、一番身近な神とは誰だろう。それは、あなた自身だ。

日本人以外のあなたにとって、一番身近な天使とは誰だろう。それは、あなた自身なのだ。

つまり、あなた自身の本当のあなた、それは、自分の本霊《ほんれい》ということだ。

この本霊を見つけ出せれば、聖霊と会うことができる。何故なら、本霊と聖霊は同じ所にいる親子であるからだ。自分の本霊を頼って聖霊に会いに行けば良い、ということなのだ。

その辺りのことは、お筆先に書かれている。でも、本書では参照しない。

福音から出そう。

マタイによる福音書　第六章6節（祈《いの》り）
あなたは祈《いの》る時《とき》は、奥《おく》の部屋《へや》に入《はい》って戸《と》を閉《し》め、隠《かく》れた所《ところ》におられるあなたの父《ちち》に祈《いの》りなさい。そうすれば、隠《かく》れた行《おこな》いをご覧《らん》になるあなたの父《ちち》が報《むく》いてくださる。

キリスト教では本霊という存在は語られていない。なので、『あなたの父《ちち》に祈《いの》りなさい』ということになる。『あなたの父《ちち》』とは、ここまで読んで来たなら分かるだろう。それは、あなたを生んだあなたのたった一人の親なのだ。

そして、『隠《かく》れた所《ところ》におられる』とは、《あなたの心の中にいる》ということだ。

なので『奥《おく》の部屋《へや》に入《はい》って戸《と》を閉《し》め』とは、《自分の心の中に入って外部を遮断して》という意味になり、《周囲に誰もいない静かな所で祈りなさい》という話になる。

この祈りを人に見せたいような心の状態では、あなたの祈りに聖霊が応えることはない。

実際には、あなたの祈りを聞いているのは、あなたの本霊となる。だが、本霊は『聖書』には出てこない。なので、イエスの言葉に従い聖霊に向けて祈れば良いのだろう。あなたのその祈りは本霊が聞いて聖霊に伝えてくれるのだ。

これで、『狭《せま》い門《もん》』は《心の中にある》と『見出《みいだ》』せた。その門が『開《ひら》かれる』ためには、『たたきなさい』という行為が必要なのだが、それが『祈《いの》り』になる。

さて、ここまで語ったのだから、もう、何を祈れば良いか分かるだろう。

そう、《父に会いたいと》祈れば良いのだ。その『父《ちち》』とは唯一神ではなく、あなたのたった一人の『父《ちち》』なのだ。

でも、あなたが女ならあなたを生んだのは女で、あなたが男ならばあなたを生んだのは男なのだ。

なので、イエスは『父《ちち》』と言っているけれど、そこには、《母》も含まれていると理解してほしい。

これは、神も天使も、男女どちらでも一人で児を生めるからだ。

## 聖霊に会う方法

さて、聖霊に会う方法は説明した。これで、あなたも聖霊に会えるだろう。

分かってしまえば簡単なのだ。

だが、今まで聖霊の正体すら分からなかった。だから誰も聖霊に対して祈らなかったのだ。

そして、聖霊こそが、『狭《せま》い門《もん》』だったのだから、『聖書』の解釈はそこからまったく進まなかったのだ。


イエスはこう言っていた。

『聖霊《せいれい》に言《い》い逆《さか》らう者《もの》は、この代《よ》でも後《のち》の代《よ》でも赦《ゆる》されない』

この言葉を前にして、あなたは聖霊を無視してどんな議論ができると思うだろう。

つまり、これまでの『聖書』の解釈は、ほぼ、意味がなかったのだ。

それは、この本を読めば分かるだろう。

『聖書』にこんな解釈があったのか！　って思うことばかりだろう。この本は、聖霊に会った人間が書いている。つまり、何が正しいのかを分かっている人間が書いている、ということだ。

あなたもこれから、聖霊に会って世界の真実を学ぶ土台が、あなたの中に作られる。

しかし、《分かってしまえば簡単》とは言ったのだが、実はそんなに簡単に聖霊に会えるわけではない。

まあ、イエスの弟子以外の一般の人たちは、この本を読んで納得できていれば、団体戦で聖霊に会ってもそれほど酷い目には遭わないだろう。だから、無理して聖霊に会う必要はないとは言える。だが、生きているうちに聖霊に会えたなら、それがどれほど幸せなことだったのかは、団体戦を見たら理解してしまうだろう。だから、もう少し会う方法を書いておこう。

聖霊に会うには、《天の父に会いたい》と祈るのだが、《祈る》と言うより《願う》という感じで行う。特に信仰心の篤《あつ》い人が《祈る》となると、神を前に身構えて体裁を整えて儀式張ろうとして、祈っている時は真剣だけど、それ以外の時は忘れているという状態では、聖霊に会えなくなってしまうのだ。

だから、身構えず日々の生活の中で、常に《天の父に会いたいと願う》ことの方が大切なのだ。

だが、何よりも大切なのは、《天の父に会いたいと願う》あなた自身の思いの強さなのだ。

これが何を意味するのか?　あなたの心にこびりついている念《おも》いについて話そう。

あなたは、神を信じている、と言いながら神のいない世界を生きている。

あなたは、神に祈りながら、神に期待していない。

あなたは、『聖書』にあるイエスの言葉や奇蹟を、意味が分からんと思っている。

あなたは、自分の中にあるその思いを、あなた自身の祈りで覆《くつがえ》さなければ、聖霊には会えないのだ。

神（＝聖霊）を否定していたのは、あなた自身なのだ。

だから、あなた自身の中に、《閉ざされた『狭《せま》い門《もん》』があった》ということなのだ。気付きなさい。

あなたは、宗教の門に入って、神は遠い存在だと学ばされたのだ。

あなたはそうやって、宗教に騙されていたのだ。

マタイによる福音書　第二十二章39節（最《もっと》も重要《じゅうよう》な掟《おきて》）
隣人《りんじん》をあなた自身《じしん》のように愛《あい》しなさい。

あなたは、この『隣人《りんじん》』を、誰だと教えられただろうか？

この『隣人《りんじん》』とは、そこに書かれている通り『あなた自身《じしん》』なのだ。

聖霊は、あなたを一人で生んだ。つまり、あなたと聖霊は一卵性の親子なのだ。

だから聖霊は、あなたとまったく同じ遺伝子を持つ『あなた自身《じしん》』とも言える存在なのだ。

聖霊こそが、あなたの『隣人《りんじん》』だと語っていたのがこの福音だ。

あなたが、最も身近に感じるべき、愛すべき存在が、聖霊だったのだ。

だから、《聖霊を『あなた自身《じしん》のように愛《あい》しなさい』》と、それが至極当然のことだとイエスは言った。


だが残念ながら、その当然のことが当然ではなくなっていたのだ。

それは悪魔が仕組んだこと。

悪魔は科学を発展させ、神がいなくてもこの世界は出来たと人間に言わせ、神を否定させた。

その上、人間の神への理解がこれほどに杜撰《ずさん》だったのだから、悪魔の付け入る隙はいくらでもあったのだ。それに対して、神は何の対策も講じて来なかったのだから、人間の『つまずきは避《さ》けられ』なかったのだ。少なくとも外国に対しては、イエスの後は、神から何のアプローチも無かったのだ。


今、本やネットで『聖書』の解説をしている者たちは、物質世界のことや人間関係のことばかりを語っている。

だがイエスは、物質世界を否定し、神や聖霊、天国の話をしている。

郵便はがき

料金受取人払郵便

新宿局承認

2524

差出有効期間
2025年3月
31日まで
（切手不要）

160-8791

141

東京都新宿区新宿1－10－1

（株）文芸社

愛読者カード係 行

| | | | | |
|---|---|---|---|---|
| お名前《ふりがな》 | | | 明治 大正 昭和 平成 年生 歳 | |
| ご住所《ふりがな》 | □□□-□□□□ | | 性別 男・女 | |
| お電話番号 | （書籍ご注文の際に必要です） | ご職業 | | |
| E-mail | | | | |

| | |
|---|---|
| ご購読雑誌（複数可） | ご購読新聞 新聞 |

最近読んでおもしろかった本や今後、とりあげてほしいテーマをお教えください。

ご自分の研究成果や経験、お考え等を出版してみたいというお気持ちはありますか。

ある　　ない　　内容・テーマ（　　　　　　　　　　）

現在完成した作品をお持ちですか。

ある　　ない　　ジャンル・原稿量（　　　　　　　　　　）

| 書　名 | | | |
|---|---|---|---|
| お買上<br>書　店 | 都道　　　市区<br>府県　　　郡 | 書店名 | 書店 |
| | | ご購入日 | 年　　月　　日 |

本書をどこでお知りになりましたか?

1.書店店頭　2.知人にすすめられて　3.インターネット(サイト名　　　　　)

4.DMハガキ　5.広告、記事を見て(新聞、雑誌名　　　　　)

上の質問に関連して、ご購入の決め手となったのは?

1.タイトル　2.著者　3.内容　4.カバーデザイン　5.帯

その他ご自由にお書きください。

(　　　　　　　　　　　　　　　　　　　　　　　)

本書についてのご意見、ご感想をお聞かせください。

①内容について

②カバー、タイトル、帯について

弊社Webサイトからもご意見、ご感想をお寄せいただけます。

協力ありがとうございました。

お寄せいただいたご意見、ご感想は新聞広告等で匿名にて使わせていただくことがあります。

お客様の個人情報は、小社からの連絡のみに使用します。社外に提供することは一切ありません。

**書籍のご注文は、お近くの書店または、ブックサービス(0120-29-9625)、セブンネットショッピング(http://7net.omni7.jp/)にお申し込み下さい。**

今の解説者は、イエスのその思いを何も分かっていない。彼らは、物質世界にイエスの言葉の証拠を探している。だがそのやり方は科学者の手法だと知っているだろう。宗教者も科学者のような悪魔の手先になっていたのだ。


ここまで語ってきた。その上で問おう。

あなたに、聖霊と会う勇気はあるだろうか?

あなたには、物質世界を否定する勇気はあるだろうか?

この物質世界で豊かに生きたいのなら、悪魔と手を組んでいた方が幸せだぞ。御守《おまもり》を求めたり御利益《ごりやく》が欲しくて神社や教会を訪ねる人は、これに手を出してはいけない。

神は、この世界のすべて、それは富や家族すら捨てろと言っている。そうでなければ天国へは行けないのだ。

その勇気を持って、天国へ行きたいと思うだろうか?


そうは問うたが、実は、この世界は、もうすぐ終わってしまう。

だから、既に選択の余地は無いのだ。

だが、そんな事実も、あなたが「信じない」と言えばそれで終わりだ。

ただ、信じないまま死んで行くだけ、これまでと何も変わらない。ただ今回は世界も終わる、というだけだ。

それで良ければ、どうぞ、そのままでお過ごしを。

「過越《すぎこし》の祭《まつり》」は後の祭。祭が終われば、後片付けがあるばかり。

あなたが永遠の命となって掬《すく》い上げられるのか、無用の命となって塵《ちり》と一緒に片付けられるのか。

だが、その選択肢もあなたには無い。


もし、あなたが少しでも早く新世界を見たいのなら、聖霊に会うという神からのミッションに挑戦してほしい。

悪魔の世界が良いと言うのなら、挑戦してはいけない。これは、そういう類《たぐ》いのミッションだ。


あなたの覚悟は決まっただろうか？

聖霊に会わなければ何も始まらない。

この、たった一つ《［ワン］》のピース（＝聖霊）に出会うことで、新時代が開かれる。

言葉のチョイスが、まるで何処かの国民的漫画のアニメ映画だ。こんなエンタメにも、神が《時は来たぞと教えていた》という話なのだ。《ボクを信じて》おくれよ。

## 聖霊に遭おう

ここまで語ったので、《聖霊に遭《あ》う》というミッションを実施する。

聖霊に《会う》という字であったはずが、《遭う》と字が変わっているのは態《わざ》とだ。

聖霊に会うと、大概、酷い目に遭うのが必然なのだ。だから、《災難に遭う》ということなのだ。

これは、最後の審判を団体戦ではなく、先に聖霊に会って個人戦でやることになるので、避けられないのだ。

でも、団体戦よりも、個人戦の方が聖霊の愛を感じられるかも？　まあ、疑問形なのは、私も団体戦の経験が無くて比較できないからだ。しかし、先にやるメリットは一般の人たちにとっても絶大だ。その理由もあとで知ることになるだろう。

余計なことを語って、脇に逸《そ》れた。

ここまでの説明で、聖霊に会う方法は分かっただろう。

『隣人《りんじん》をあなた自身《じしん》のように愛《あい》』するように、聖霊を身近に感じながら、会いたいと願うことなのだ。

それを、どれほどに、どう願えば良いのか？

具体的に言おう。

「聖霊はいる、絶対にいる、聖霊は私の側《そば》にいる、私の側で常に私を見ている」

そう念じながら、聖霊が近くにいることを感じようと、意識を周囲に広げて待つ。

これを行うから、『奥《おく》の部屋《へや》に入《はい》って戸《と》を閉《し》め』る必要がある。これは、自分の周りに人がいては、人の気配が気になって集中できないから人を避けるように、という意味だったのだ。

これを、一週間、二週間、三週間、一ヶ月、慣れてきたら仕事をしている時でも、聖霊の存在を意識して可能な限り念じ続ける。

そうやって、ノイローゼになるくらい、もうノイローゼになってしまった、そんな精神状態になるほどに続けるのだ。

このノイローゼの状態は、トイレに入っている時も近くに聖霊の気配を感じて、「見てんな、馬鹿野郎！」と叫びたくなるくらいの状態なのだ。

そこまでやって、やっと、悪魔の洗脳から抜け出す取っ掛かりを得たのだ。


だが、気付くだろうか？

人間は、聖霊（＝神）に常に見られているなんて、我慢できなかったのだ。だから、聖霊を否定していないことにしてしまった。

そうやって、人は、神に対して心を閉ざしてしまったのだ。そこに、悪魔が付け入った。

だが、神を遠ざけていたのは、神を求めていたはずの自分自身だったのだと、ノイローゼになるほどに自分を追い込んで、やっと、そのことに気付くことができたのだ。

だからこそ、『求《もと》めなさい』、『探《さが》しなさい』、『たたきなさい』と、人間の方からアクションを起こす必要があった。

聖霊の方は、あなたが来たら抱きしめようと、両手を広げて待っていたのだ。

でも、聖霊に抱きしめられたなら最後、そこはもう『最後《さいご》の一《いち》クァドランス』を払わなければ出られない『牢《ろう》』の中なのだ。

飛んで火に入る夏の虫〜。他人事なら笑えるけど〜、自分に来たなら笑えない〜。

『牢《ろう》』に捕らわれたあなたは、これから『牢《ろう》』からの脱出ミッションが始まる。

## 聖霊による洗礼

《『牢《ろう》』からの脱出ミッション》なんて言うと、《自由への挑戦》とか思うのかもしれない。

でも、これは冗談だ。

聖霊に会うと、聖霊による洗礼が始まる。

その、聖霊による洗礼の内容を『聖書』的に言えば、ヨハネの黙示録になる。

でも、黙示録を真剣に読む必要はない。あれは心象風景なのだ。

聖霊による洗礼とは、《あなたが信じている世界観を完膚無きまでに壊すこと》なのだ。

あなたが信じている世界が壊れていく。それを見てきたかのように記していたのが黙示録だ。

あなたは、世界観の崩壊とともに自我が崩壊していく恐怖を味わう。

だが、そのように感じるけれど、その自我は肥大した不要な部分なのだ。

そうやって、あなたの自我は、聖霊から『最後《さいご》の一《いち》クァドランス』になるまで削ぎ落とされる。

最終的に『一《いち》クァドランス』になったあなたは、その自我を聖霊に払う（＝捧げる）ことで、洗礼は終わりを告げる。


つまり、《自分を聖霊に捧げるのだから、結局、聖霊からは逃げられない》ということなのだ。

なんてこったい、脱出ミッション失敗！　だが、これが正しい攻略ルートなのだ。


『一《いち》クァドランス』になったあなたの心は、あなたの本霊と同じ姿になった。それは、聖霊とも同じ姿になったということなのだ。

そうやって、三つの心が同じ心になって、三位一体《さんみいったい》と成る。

これこそが三位一体の真実で、こうなることであなたは天国へと行ける準備が整ったのだ。

教会が語る三位一体の説明とは違うのだが、これが三位一体の重要性なのだ。

天国に行くべき者は、誰もが三位一体に成るという要件を満たす必要がある。

もしかして、自分を神（＝聖霊）と等しくするなんて、神に対する冒瀆だと思う人もいるのかもしれない。

だが、福音にもこう書かれている。

マタイによる福音書　第五章48節（敵《てき》への愛《あい》）
天《てん》の父《ちち》が完全《かんぜん》であるように、あなた方《がた》も完全《かんぜん》な者《もの》となりなさい。

今、初めて聖霊と一つになる方法が示された。これによって、『あなた方《がた》も完全《かんぜん》な者《もの》』となれる道が提示され、この福音もやっと本来の意味を見出《みいだ》せた。

あなたはこれまで、この福音の言葉をどんな心持ちで読んできたのか？

もしかして、見ないふりをしてきたのか？　臭いものに蓋をしてきたのか？

神から何か要求されたら知らぬふりをする。そのくせ自分の都合を神に押しつける祈りは一生懸命。

そんな心のありさまが、「人間なんだもの、赦して」と言わせるのだろう。

だが、もうそんな言葉では赦されない時が来たと知れよ。

まさか、あなたはこれまで通りの感覚で、人間のままで天国へ行けると思っていたのか？

もし、そう思っているのなら考えが甘い。神と同等の心でなければ、天国には行けないのだ。

そうであるが故に、聖霊による洗礼は誰一人避けることができないのだ。

また、そうであるが故に、三位一体の話は、『聖書』に無かったのに語られることになったのだ。

聖霊による洗礼は、〝人間心〟を捨て〝神心〟になるために行われる。

それ故に、ヨハネの黙示録が語るように、あなたの人間的な価値観や世界観は、足元から一切が崩壊してしまうのだ。人が天国に行くには、心を更地にして、魂の本来の姿である幼子の無垢《むく》な心に戻す必要があるのだ。

人の心を神と同等にするなんて、途方もないことだと思っていただろう。真面目な人ほど、『完全《かんぜん》な者《もの》』になることが人間の努力で可能か？　なんて考えて、人生を苦悩に沈めてしまっていたのなら、なんと悲しい人生を送って来たことか。

だが神は、人間にそんな無茶なことは何も求めてはいなかったのだ。

マタイによる福音書　第十八章3節（偉《えら》い者《もの》）

あなた方《がた》によく言《い》っておく。心《こころ》を入《い》れ替《か》えて幼子《おさなご》のようにならなければ、決《けっ》して天《てん》の国《くに》には入《はい》れない。

神が人に望んだのは、『心《こころ》を入《い》れ替《か》えて幼子《おさなご》のように』無邪気な心になることで、この世界で得た経験や学びは神界ではすべて不要なものとして、不要なものを捨てるのが、神の世界に出る準備で、《『一《いち》クァドランス』になる》とは《身軽になる》ことだったのだ。神が人間に《神に成れ》と言ったとしても、《神の赤ちゃんに成れ》なのだ。難しく考える必要すら無かったのだ。人間は、ただ無垢な心に成るだけで善かったのだ。

人間はそのことを理解して、その時がいつ来てもいいように日々を生きながらも、いつでもこの世界のものは捨てられるように、心を準備しておけば良かったのだ。

聖職者は、人々に神への信仰を説きながら、自身の思考がこの世界のことばかりだから、こんなとも気付けなかったのだ。そして、人間らしく悩んで、結局は《神とイエスを救い主にして賛美歌と祈りばかりの教え》にしてしまった。聖職者に神と寄り添う気持ちがあったなら、普通に考えてこんな間違いをするか?　って言いたくなるほどの間違いなのだ。

ここでは、外国の人たちは、「神」を「天使」と置き換えて読んでほしい。

お筆先には、天使という言葉は無い。お筆先では、神も天使も悪魔も神と一括《ひとくく》りにしているところがあって、神と天使は別種族ではあるが、その扱いに違いはないのだ。

気付いておくれよ。

『滅《ほろ》びに至《いた》る門《もん》』の中では、イエスに自分の所に来てほしいと祈る者たちばかりだ。

イエスに縋《すが》り付こうとするその祈りは、イエスを引きずり下ろそうとする悪魔の祈りだ。

『命《いのち》に至《いた》る門《もん》』の中では、わざわざ祈る姿勢をとって祈るような暇はない。

『命《いのち》に至《いた》る』祈りとは、《聖霊と共に自身をイエスの所まで引き上げようと歩み続ける行為》そのものなのだ。

ただ救われることを祈るだけなら『滅《ほろ》びに至《いた》る』。

天国まで、神に成ろうと歩み続ける者だけが、『命《いのち》に至《いた》る』という話なのだ。ただこれは、《捨てる》という歩みなのだ。

しかし、その《捨てる》が、人間自身の自覚だけで行うなら難しいことでもないように思うだろう。けれど、そこに聖霊が絡《から》むと、人間が無意識に信じている部分から捨てさせられるのだ。それも《自分が思っている自分という存在》すら捨てさせられて、自分の立ち位置すら失ってしまうのだから大変なのだ。世界が消えて地面も消えて闇の中を何処までも落ちていく感覚。そんな心象風景なのだ。

それが聖霊による洗礼なのだ。


でも、心の中がこんな状態なのに、普通に日常生活や仕事ができるのだから凄まじいのだ。日々、あなたは当たり前の日常を生きる。でも、心の中はジェットコースターだ。それも聖霊に乗せられて自分から挑戦してしまうから、戦々恐々としていながら楽しかったりするのだ。

そうやって、自分の思い込みが壊れると、頭の中で自分を縛る鎖を断ち切ったような解放感を得る。それは、聖霊から「考えろ、答えを出せ」と迫られてあれこれ考えて、自分で自分の思考の限界を突破して、自分を縛っていた鎖を自分で断ち切ってしまう感覚なのだ。

だが、それが割と快感で、最初の頃は毎日何度も味わってしまう。だから、こんな経験、普通にはできないと思って前向きになるなら、きっと、すっごく楽しいぞっ。自分の常識を打ち破った先で、これまで見えなかった世界の裏側が見通せるようになるのだ。

## 団体戦を希望する人はこちら

聖霊による洗礼は、団体戦に突入すれば、〝最後の審判〟と言われる状況になる。
団体戦の始まりは、前にも出したこの福音だ。

マタイによる福音書　第二十四章30節（再臨《さいりん》の徴《しるし》）
人《ひと》の子《こ》が大《おお》いなる力《ちから》と栄光《えいこう》を帯《お》びて、天《てん》の雲《くも》に乗《の》って来《く》るのを見《み》る。

マタイによる福音書　第十六章27節（イエスに従《したが》う者《もの》）
人《ひと》の子《こ》は父《ちち》の栄光《えいこう》に包《つつ》まれて、み使《つか》いたちとともに来《く》る。

この二つの福音は、同じシーンを語っている。
（再臨《さいりん》の徴《しるし》）の引用部分だけを読むなら、イエス単独で『天《てん》の雲《くも》に乗《の》って来《く》る』ように思えるが、（イエスに従《したが》う者《もの》）を読めば『み使《つか》いたちとともに来《く》る』と書かれている。この『み使《つか》いたち』とは、聖霊たちなのだ。
ただ、この『み使《つか》いたち』の中には、別の福音を読めば、聖霊だけでなく我々の魂の兄姉《きょうだい》たちも含まれているようだ。この《別の福音》については、そのうちに出て来るだろう。

二つの福音の場面は人類滅亡後の話で、神も悪魔も天使も聖霊も悪霊も集められた最後の審判の時なのだ。


個人戦の場合であれば人は生きているので、肉体は地上にあって、当人の感覚は肉体にある。

故に、当人の自我が崩壊の目に遭っても肉体にはそれほど影響はない。あなたは、仕事をしながら日常生活の中で聖霊による洗礼を受ける。中界にある自我（＝肉体霊）が削られても、当人の肉体の五感には影響しないのだ。

だが、団体戦になった時には、物質の肉体は既に無い。故に、その時には、当人の肉体的感覚は中界にある肉体霊に移る。

その状態で、当人の肉体霊が削られれば、それはそのまま肉体の痛みとして感じることになる。

団体戦なら、みんなで受ければ怖くない、のかもしれない。だが、痛みに対しては団体戦の方が辛《つら》い。

個人戦に挑戦した者でも、やり切れずにそのまま団体戦に突入してしまう者もいるのかもしれない。

だが、早くに始めた者は早くに終わり、団体戦で苦しんでいる者たちを高みから見物することになる。

その時になったならば、やってて良かったと心から思えることになるだろう。

# 第六章　出口の無い世界を生きる放浪者たち

# 『聖書』が語る善と悪

ルカによる福音書　第六章20〜24節（幸《さいわ》いと不幸《ふこう》）

イエスは弟子《でし》たちに目《め》を注《そそ》いで、仰《おお》せになった、

「貧《まず》しい人々《ひとびと》は、幸《さいわ》いである。神《かみ》の国《くに》はあなた方《がた》のものである。

今《いま》、飢《う》えている人々《ひとびと》は、幸《さいわ》いである。あなた方《がた》は満《み》たされる。

今《いま》、泣《な》いている人々《ひとびと》は、幸《さいわ》いである。あなた方《がた》は笑《わら》うようになる。

人々《ひとびと》があなた方《がた》を憎《にく》むとき、また人《ひと》の子《こ》のために追《お》い出《だ》し、ののしり、あなた方《がた》の名《な》を汚《けが》らわしいものとして葬《ほうむ》り去《さ》るとき、あなた方《がた》は幸《さいわ》いである。その日《ひ》には喜《よろこ》び躍《おど》れ。天《てん》におけるあなた方《がた》の報《むく》いは大《おお》きい。彼《かれ》らの先祖《せんぞ》も、預言者《よげんしゃ》たちに対《たい》して同《おな》じことをしたのである。

しかし、富《と》んでいるあなた方《がた》は、不幸《ふこう》である。あなた方《がた》はすでに慰《なぐさ》めを受《う》けている。


普通にこの福音を読めば、『貧《まず》しい人々《ひとびと》』、『飢《う》えている人々《ひとびと》』、『泣《な》いている人々《ひとびと》』にこそ救いがある、という感想しかないだろう。

でも、キリスト教徒でも、豊かな人、飽食の人、笑っている人はいるはずで、そんな人たちはどう

なのだろう?

と、これは問うまでもなく、『あなた方《がた》はすでに慰《なぐさ》めを受《う》けている』と書かれている。

本書をここまで読んで来たなら、イエスの言葉の背景が分かって、この言葉のイメージも変わるだろう。

苦労し虐《しいた》げられて来た人々が善の魂の者なのだ。そして、『富《と》んでいるあなた方《がた》』とは悪魔の魂の者たちで、悪魔に愛されてこの世で御利益を頂いていた者たちなのだ。

悪魔は、世界の常識を壊す遊びをする中で、加害者も被害者も悪魔の魂の者がやっていたりするので、『貧《まず》しい人々《ひとびと》』、『飢《う》えている人々《ひとびと》』、『泣《な》いている人々《ひとびと》』がすべて善の魂の者、とは単純には言えない。

だが、善の魂の者たちは、天の父の意図によって、苦労する人生を送ることが確定している。だから、その苦労が満了する『その日《ひ》には喜《よろこ》び躍《おど》れ。天《てん》におけるあなた方《がた》の報《むく》いは大《おお》きい』となるのだ。

神は、苦労しない者を天国には招かない。それ故、神は天国に招く者を苦労させる。

だが、悪魔にも悪魔の事情がある。

悪魔の方は、最後の審判の後は地獄行き確定だ。だから、この世界を楽しまなければ、楽しめる時はない。それ故、悪魔の魂の者は悪魔の寵愛《ちょうあい》を受け、この世界で豊かに楽しく我が世の春を謳歌する。故に、『あなた方《がた》はすでに慰《なぐさ》めを受《う》けている』とイエスは言った。『慰《なぐさ》めを受《う》けている』とは言っても、これは、悪魔から『慰《なぐさ》めを受《う》けている』という話なのだ。

キリスト教は現在、悪魔に支配されている。なので、人間には善の魂の者と悪魔の魂の者がいる、という真実は隠されている。そして、『人《ひと》の子《こ》（＝イエス）』も、悪魔によって『追《お》い出《だ》し、ののし』られ、存在すら『葬《ほうむ》り去《さ》』られようとしている。これは、過去にイエスが十字架に架けられ現実となった。しかし、今もイエスが語った真実は『葬《ほうむ》り去《さ》』られている。

だから気付けよ。キリスト教は、イエスの意志を『葬《ほうむ》り去《さ》』るために、最初から悪魔によって歪められた教えに変えられていたのだ。悪魔が、神の教えをそのままにしておくなんて、あり得ないことなのだ。

だが、そんな悪魔でも、神の教えの根本を書き変えることはできないので、教えの解釈を変えていたのだ。

しかし、まるで悪魔が神のルールを守っているような話を聞けば、こんなことを思うだろう。

神と悪魔の間で、何か取り引きというか契約というか、何かの約束がされているのでは？　との疑念が湧いてくるだろう。

実は、その考えは正しい。

堕天使ルシファーと言われた存在、この堕天使は、この宇宙で唯一神の妻として自身の役割を果たしていた。神と悪魔が、裏で手を組んでこの世界をコントロールしていたのだ。だから、人類はここまで滅亡せずに来られたのだ。

世界の歴史を見れば分かるだろう。下手をすれば第三次世界大戦で人類滅亡、なんて世界が現実になる可能性もあったのだ。でもそうならなかったのは、神と悪魔の間に確かなホットラインがあったからなのだ。

しかし、堕天使ルシファーが唯一神の妻とか、普通なら想定すらできない話が出てくるのだが、この根拠もお筆先だ。とは言っても、お筆先に登場する神を『聖書』に当てはめたらこうなったという話で、これについては、キリスト教の研究者がお筆先を勉強して検証してほしいと願う。

# 神の意図

これまで、《神の意図》という言葉を明確にせずともいろいろと語って来たので、神が何を意図してこの世界を裏から動かして来たのか、何となくでも分かるだろう。

それについて、ここでもう少し詳しく話そう。


神が天地を創造して、神の児をそこに住まわせて人生を経験させる。

それは、苦労を経験させるためだった。それが未来で神となるべき者としての修業だったのだ。

その苦労を十全に味わうために、この世界に悪魔は配置されていた。


釈迦《しゃか》は、この世界を「生老病死《しょうろうびょうし》」のある「四苦八苦《しくはっく》」の世界だと言った。

だが、天国は生老病死も四苦八苦も無い世界なのだ。

天国とこの世界は、世界を創造する前の段階の、設計思想からまったく違っていたのだ。

神は、天国を基準にしたら、あり得ないと言い切れるほどの面倒な世界を、態々《わざわざ》造って我々を住まわせていた。ハッキリ言って、神からしてもこんな世界を造る方が、天国を造るよりよっぽど大変だっただろう。

永い時をほとんど変化しない天国より、常に変化し続ける仕組みを造る方が、数千倍どころか数万倍、数億倍も難しいはずだ。つまり神は、自身が意図した計画を実現するために、大いなる苦労をしてこの世界を造り上げていたのだ。

この物質世界も霊界も、神と悪魔が協力して造っていた。

そうして、一通り出来たところで、《神は悪魔に世界を奪われた》という体裁を立てて悪魔に渡した。

何故、そういう表現をするのかと言えば、悪魔にとっても唯一神は絶対の存在であるからだ。

悪魔は、基本的に自由だ。何をやっても良いのが悪魔だ。それは、神からそのように造られたからだ。

だが、悪魔という存在も神から造られたが故に、神には逆らえないのだ。

マタイによる福音書　第十章28節（誰《だれ》を恐《おそ》れるべきか）

体《からだ》を殺《ころ》しても、魂《たましい》を殺《ころ》すことのできない者《もの》どもを恐《おそ》れることはない。むしろ、魂《たましい》も体《からだ》も地獄《じごく》で滅《ほろ》ぼすことのできる方《かた》を恐《おそ》れなさい。

この言葉は、悪魔にも適用される。『魂《たましい》』を滅ぼされたら、悪魔も生きてはいられない。神にはそれが可能なのだ。だが、悪魔にそんな力はない。だから、神が本気になったなら、悪魔など敵にすらなれないのだ。

だが、今は、悪魔が増長して世界を支配している。

それは、生まれたばかりの何も知らない善の児に、悪というものに身も心もドップリと浸《つ》からせて、心の底から悪を学ばせるためなのだ。

この子宮の中の世界は、それを学ばせるためにあったのだ。


子宮の中と外について考えてみよう。

人間の世界は空気の世界、妊婦の子宮の中は羊水に満たされた水の世界だ。

では、神界は？　と問えば、神界は気の世界、この宇宙の中は神から見れば泥水の世界だ。

どちらも、子宮の中と外では、まったく違う世界だと分かるだろう。

神も、この子宮という閉鎖された特殊な空間の中だからこそ、悪魔を野放しにできた。

だが、神界では、悪魔は一人もいないのだ。

神界では、善の者のみがいる世界。それは、無秩序を旨《むね》とする悪魔が一人でもいたら、天国は天国ではなくなってしまうからだ。

地上では、一人の泥棒のために家に鍵を掛けろと言う。これは、悪のために善に要らぬ苦労をしなさいという話だ。こんなつまらないことは、この世界だけで十分だろう。

それ故、悪魔たちは天国へと行けないように、一人残らずこの収縮する子宮に封印される。


悪魔には、神から善の魂の者をいじめるという悪を行うご用が与えられていた。

故に、神は、悪魔にやりたいようにやらせていたのだ。

つまり、神から許しがあったから悪魔は悪をやれていた。だがこれは、神に唆《そそのか》されて行ったという話ではなく、悪魔自身が自分の意志で悪を行ったのだ。

だから、自分のやったことには責任を取らなければならない、という話なのだ。


気付くだろう。

神は、神の都合により、悪魔に悪を行うことを許《ゆる》していたのだ。

だが神は、悪を行った者の罪を赦《ゆる》したわけではない。


普通に考えて分かるだろう。

悪を行うたびに裁きを受け、その罪を赦されていたとしたら、最後の審判は必要ないのだ。

今まで裁かれなかったのは、最後の審判の時に、これまでの罪をまとめて裁くためだったのだ。

イエスに罪を告白すれば、その罪が赦されるなんて、ふざけた理屈を考え信じ込ませたのは誰だ？

私は、その犯人を追及するつもりはない。

しかし、罪の裁きを恐れるような心で、赦しにしがみつくような信仰心を植え付けられた者では、神の真実を探求する名探偵にはなれない。悪魔が広げた信仰の迷宮に、自らを小さき者にして彷徨《さまよ》う子羊にさせられていた状態から早く目を覚ましてほしい。

あなた自身が神（または天使）の児なのだ。

天国は、神（または天使）の住む所だ。人間も神（または天使）にならなければ、そこに住む資格はないのが必然だ。

だが、悪魔の子であっても、私の語ることに真剣に向き合うことができるなら、頭で理解することは可能だろう。そうするなら、最後の審判も少しは軽く済ますことができる……と思うよ。

# 神の愛

神の愛、と言えば無償の愛とか無限の愛とか、無条件の愛みたいに思うのかもしれないが、少し考えれば分かるだろう。神の愛が無条件であるならば、最後の審判は無いはずなのだ。

外国の人間レベルでの愛という感覚は、私には分からない。なので、日本の一般的な感覚として愛を語ろう。

日本には、昔は《愛》なんて言葉はなかった。だから、外国から輸入された愛が持《も》て囃《はや》されて、便利で使い勝手の良い《愛》が無条件にまで拡張されてしまった。それ故、母の愛とか無条件の愛なんて言葉で、愛の名によって、やりたい放題の身勝手すら正義とされた。

だが、それによる弊害は目を覆うほどだ。

それ故、これまで神の愛として語られていたものは、実は、悪魔の愛であったのだ。

道理や真理を適当にして、愛ばかり語る宗教は、底が知れている。ここまで語れば、そんな宗教は悪魔の支配下にあると分かるだろう。

福音から《愛》ということで最初に出すとすればこれだろう。

マタイによる福音書　第二十二章37・38節（最《もっと》も重要《じゅうよう》な掟《おきて》）

『心《こころ》を尽《つ》くし、精神《せいしん》を尽《つ》くし、思《おも》いを尽《つ》くして、あなたの神《かみ》である主《しゅ》を愛《あい》しなさい』。

これがいちばん重要《じゅうよう》な、第一《だいいち》の掟《おきて》である。

この『第一《だいいち》の掟《おきて》』は、唯一神に対しての愛なのだ。だから唯一神に対して、語られた通りにすれば良い。

だが、我々が行く天国では、その唯一神は、地上では洗礼者ヨハネとしてあった者なのだ。

## 洗礼者ヨハネ

洗礼者ヨハネとは何者なのか？

それも福音に記されている。それを出そう。

マタイによる福音書　第十一章7〜15節（ヨハネに対《たい》する賞賛《しょうさん》）

さて、ヨハネの弟子《でし》たちが立《た》ち去《さ》ると、イエスは群衆《ぐんしゅう》に、ヨハネについて語《かた》り始《はじ》められた、「あなた方《がた》は何《なに》を見《み》に荒《あ》れ野《の》へ行《い》ったのか。風《かぜ》にそよぐ葦《あし》か。では、何《なに》を見《み》に行《い》ったのか。柔《やわ》らかな衣《ころも》を着《き》た人《ひと》か。柔《やわ》らかな衣《ころも》をまとった人々《ひとびと》なら王宮《おうきゅう》にいる。では、何《なん》のために行《い》ったのか。預言者《よげんしゃ》を見《み》るためか。そのとおりである。あなた方《がた》に言《い》っておく。

彼《かれ》は預言者《よげんしゃ》に勝《まさ》る者《もの》である。

『見《み》よ、わたしはあなたの先《さき》に使《つか》いを遣《つか》わし、あなたの前《まえ》に道《みち》を整《ととの》えさせる』

と書《か》き記《しる》されているのは、この人《ひと》のことである。あなた方《がた》によく言《い》っておく。女《おんな》から生《う》まれた者《もの》の中《なか》で、洗礼者《せんれいしゃ》ヨハネより偉大《いだい》な者《もの》は現《あらわ》れなかった。しかし、天《てん》の国《くに》で最《もっと》も小《ちい》さな者《もの》でも、彼《かれ》より偉大《いだい》である。洗礼者《せんれいしゃ》ヨハネの時《とき》から今《いま》に至《いた》るまで、天《てん》の国《くに》は激《はげ》しく攻《せ》め立《た》てられている。そして攻《せ》め立《た》てる者《もの》が、これを奪《うば》っている。すべての預言者《よげんしゃ》と律《りっ》法《ぽう》が預言《よげん》したのは、ヨハネの時《とき》までのことである。あなた方《がた》に受《う》け入《い》れる気持《きも》ちがあれば分《わ》かることだが、ヨハネこそ来《き》たるべきエリヤである。耳《みみ》のある者《もの》は聞《き》きなさい」。


キリスト教の指導者は、この福音を無視している。彼らは、イエスより偉い者がいるという事実を許さない。それ故、洗礼者ヨハネの存在は、堂々と無視され闇に葬られている。


洗礼者ヨハネは、この福音でこう語られている。

『洗礼者《せんれいしゃ》ヨハネ』は、『預言者《よげんしゃ》に勝《まさ》る者《もの》である』。この言葉は、『洗礼者《せんれいしゃ》ヨハネ』こそが唯一神なのだから当然だ。

『女《おんな》から生《う》まれた者《もの》の中《なか》で、洗礼者《せんれいしゃ》ヨハネより偉大《いだい》な者《もの》は現《あらわ》れなかった』。この言葉を普通に理解すれば、『洗礼者《せんれいしゃ》ヨハネ』は、イエスより『偉大《いだい》』だと言っていたのだ。それに続く、『天《てん》の国《くに》で最《もっと》も小《ちい》さな者《もの》でも、彼《かれ》より偉大《いだい》である』とは、本書の解説を読めば分かるだろう。洗礼者ヨハネもイエスも胎児なのだから、子宮から出て『天《てん》の国《くに》』にいる者より小さいのは当たり前なのだ。

なのに、『洗礼者《せんれいしゃ》ヨハネ』が、これほどに不当に扱われているのは、『攻《せ》め立《た》てる者《もの》が、これを奪《うば》っている』からだ。この『攻《せ》め立《た》てる者《もの》』とは悪魔なのだ。なので、洗礼者ヨハネを闇に葬っている教会は、悪魔という話なのだ。

では、次の言葉は何を意味するのだろう。

『すべての預言者《よげんしゃ》と律法《りっぽう》が預言《よげん》したのは、ヨハネの時《とき》までのことである』

これは、『洗礼者《せんれいしゃ》ヨハネ』の名で活動していた霊が外国での活動を終えたら、次は日本で活動するので、『すべての預言者《よげんしゃ》と律法《りっぽう》が預言《よげん》したのは』外国で活動した期間までで、それは『ヨハネの時《とき》まで』となるのだ。

これは、『洗礼者《せんれいしゃ》ヨハネ』の前世が『エリヤ』で、そのまた前世がモーセで、だから、我々の唯一神となるべき霊が、外国での長期にわたる活動の最後に『洗礼者《せんれいしゃ》ヨハネ』として地上に現れた、という話なのだ。

これは、『あなた方《がた》に受《う》け入《い》れる気持《きも》ちがあれば分《わ》かること』ということだったのだが、どうやら、『あなた方《がた》（＝教会）に受《う》け入《い》れる気持《きも》ち』はなかったようだ。なので、今からでも『耳《みみ》のある者《もの》は聞《き》きなさい』と言っておこう。

ただ、唯一神となる霊が地上に現れたのは、この三人の三度だけだったのかは私にも分からない。

だが、それが長期にわたっていたことに間違いはないのだ。


人が守るべき、最も重要な『第一《だいいち》の掟《おきて》』であるはずの唯一神への愛が、こんな状態なのだ。

キリスト教徒は、唯一神をこんなことにしておいて、神に愛されていると信じている。

唯一神に、こんなことをする者を愛してくれるのは、きっと悪魔の方だろう。

故に、誰から、とは言わないが、《確かにあなた方は愛されている》と言っておこう。


第二十二章《マタイによる福音書》39節（最《もっと》も重要《じゅうよう》な掟《おきて》）の『第二《だいに》』『の掟《おきて》』は、『隣人《りんじん》をあなた自身《じしん》のように愛《あい》しなさい』で、これは既に説明している。

ちなみに、これに似た掟があるので紹介しよう。

　マタイによる福音書　第十五章４節（ファリサイ派《は》の言《い》い伝《つた》え）
神《かみ》は『父《ちち》と母《はは》を敬《うやま》え。父《ちち》または母《はは》をののしる者《もの》は死刑《しけい》に処《しょ》せられる』と仰《おお》せになった。

この福音の『父《ちち》と母《はは》』が、自分の魂の親だと気付けば、聖霊だと分かるだろう。

なので、『父《ちち》と母《はは》』について語るこの福音は、『第二《だいに》』『の掟《おきて》』とも関連しており、また、第十二章31・32節《マタイによる福音書》（聖霊《せいれい》に対《たい》する罪《つみ》）の別表現だと分かる。そして、これまで『父《ちち》』とのみ語られていた聖霊が、ここで《聖霊には『母《はは》』もいるんだよ》と、コソッと教えていたのだ。

愛についての話のつもりだったのだが、違う話になってしまった。

神界に行って天国を体験して、そこで神の愛を溢《あふ》れるほどに感じたなら、何も語らなくても神の愛を心から分かることになるだろう。

だからやっぱり、ここで神の愛を語るのは不可能だったのだ。

# 神の計画を語る福音

## 放蕩《ほうとう》し、さまよう息子

イエスが語ることは一貫している。

次の福音では、『弟《おとうと》』は善の魂の者、『兄《あに》』は悪の魂の者だ。

『弟《おとうと》』からすれば『父《ちち》』とは聖霊であり、魂のレベルでは《生みの親》ということになる。

だが、『兄《あに》』はそんなことは知らないので、『兄《あに》』にとっての『父《ちち》』とは、今まで通り唯一神でありキリスト教教会という認識なのだ。

登場人物が明《あき》らかになったところで、この福音を読んでみよう。

ルカによる福音書　第十五章11～32節（放蕩息子《ほうとうむすこ》）
また、イエスは仰《おお》せになった、「ある人《ひと》に二人《ふたり》の息子《むすこ》があった。弟《おとうと》が父《ちち》に向《む》かって言《い》った、『お父《とう》さん、わたしがもらうはずの財産《ざいさん》の分《わ》け前《まえ》をください』。そこで、父《ちち》は資産《しさん》を二人《ふたり》に分《わ》けてやった。いく日《にち》もたたないうちに、弟《おとうと》はすべてをまとめて、遠《とお》い国《くに》に旅《たび》立《だ》った。そこで放蕩《ほうとう》に身《み》を持《も》ち崩《くず》し、財産《ざいさん》を無駄遣《むだづか》いしてしまった。すべてを使《つか》い果《は》たしたとき、その地方《ちほう》にひどい飢饉《ききん》が起《お》こり、彼《かれ》は食《た》べる物《もの》にも困《こま》るようになった。そこで、その地方《ちほう》のある人《ひと》の所《ところ》に身《み》を寄《よ》せたところ、その人《ひと》は、彼《かれ》を畑《はたけ》にやって豚《ぶた》を飼《か》わせた。彼《かれ》は、豚《ぶた》の食《た》べる蝗豆《いなごまめ》で、空腹《くうふく》を満《み》たしたいほどであったが、食《た》べ物《もの》を与《あた》えてくれる人《ひと》は誰《だれ》もいなかった。そこで、息子《むすこ》は本心《ほんしん》に立《た》ち返《かえ》って言《い》った、『父《ちち》の所《ところ》では、あんなに大勢《おおぜい》の雇《やと》い人《にん》がいて、食《た》べ物《もの》があり余《あま》っているのに、わたしはここで飢《う》え死《じ》にしようとしている。そうだ、父《ちち》のもとに行《い》こう。そしてこう言《い》おう、〈お父《とう》さん、わたしは天《てん》に対《たい》しても、あなたに対《たい》しても罪《つみ》を犯《おか》しました。もう、あなたの子《こ》と呼《よ》ばれる資格《しかく》はありません。どうか、あなたの雇《やと》い人《にん》の一人《ひとり》にしてください〉』。そこで、彼《かれ》は立《た》って父《ちち》のもとへと行《い》った。ところが、まだ遠《とお》く離《はな》れていたのに、父《ちち》は息子《むすこ》を見《み》つけ、憐《あわ》れに思《おも》い、走《はし》り寄《よ》って首《くび》を抱《だ》き、口《くち》づけを浴《あ》びせた。息子《むすこ》は父《ちち》に向《む》かって言《い》った、『お父《とう》さん、わたしは天《てん》に対《たい》しても、あなたに対《たい》しても罪《つみ》を犯《おか》しました。もうあなたの子《こ》と呼《よ》ばれる資格《しかく》はありません』。しかし、父《ちち》は僕《しもべ》たちに言《い》った、『急《いそ》いでいちばん善《よ》い服《ふく》を出《だ》して、この子《こ》に着《き》せなさい。手《て》には指輪《ゆびわ》をはめ、足《あし》には履《は》き物《もの》を履《は》かせなさい。それから、肥《こ》えた子牛《こうし》を引《ひ》き出《だ》して屠《ほふ》りなさい。食事《しょくじ》をして祝《いわ》おう。この子《こ》は死《し》んでいたのに生《い》き返《かえ》り、いなくなっていたのに見《み》つかったのだから』。やがて祝宴《しゅくえん》が始《はじ》まった。

さて、兄《あに》は畑《はたけ》にいたが、帰《かえ》ってきて家《いえ》に近《ちか》づくと、音楽《おんがく》や踊《おど》りの音《おと》が聞《き》こえてきた。そこで僕《しもべ》の一人《ひとり》を呼《よ》ぶと、いったい何事《なにごと》かと尋《たず》ねた。すると、僕《しもべ》は答《こた》えた、『弟《おとうと》さんがお帰《かえ》りになりました。無事《ぶじ》に弟《おとうと》さんを迎《むか》えたので、お父上《ちちうえ》が肥《こ》えた子牛《こうし》を屠《ほふ》られたのです』。兄《あに》は怒《おこ》って家《いえ》に入《はい》ろうとしなかった。そこで、父《ちち》が出《で》てきて宥《なだ》めると、兄《あに》は父《ちち》に向《む》かって言《い》った、『わたしは長年《ながねん》お父《とう》さんに仕《つか》え、一度《いちど》も言《い》いつけに背《そむ》いたことはありません。それなのに、わたしが友人《ゆうじん》と祝宴《しゅくえん》を開《ひら》くために子山羊《こやぎ》一匹《いっぴき》もくださいませんでした。ところが、あなたのあの息子《むすこ》が娼婦《しょうふ》どもにあなたの財産《ざいさん》をつぎ込《こ》んで帰《かえ》ってくると、彼《かれ》のためには肥《こ》えた子牛《こうし》を屠《ほふ》られます』。すると父《ちち》は言《い》った、『子《こ》よ、お前《まえ》はいつもわたしとともにいる。わたしのものはすべてお前《まえ》のものだ。しかし、お前《まえ》の弟《おとうと》は死《し》んでいたのに生《い》き返《かえ》り、いなくなっていたのに見《み》つかったのだから、祝宴《しゅくえん》を開《ひら》いて、喜《よろこ》び合《あ》うのはあたりまえではないか』」。

まず、善の魂の者が『弟《おとうと》』で、悪の魂の者が『兄《あに》』となっているのは、弟が兄より後に生まれたからだ。善の魂は今回の子宮の中で生まれた。だが、悪の魂は今回ではなく遙《はる》か昔に生まれていたのだ。

ところで、この福音を読むと、弟は自分の意志で旅に出ている。そうやって、他人の所で生活して、父からもらった財産（＝父の徳分《とくぶん》）があった頃は良かったけれど、財産を失ったらいじめられて助けも得られない、「もうこんな所は嫌だ」と父の所に帰ろうとした。

この『父《ちち》の所《ところ》』とは霊界で、『遠《とお》い国《くに》』とは物質世界と中界なのだ。

弟は、『お父《とう》さん、わたしは天《てん》に対《たい》しても、あなたに対《たい》しても罪《つみ》を犯《おか》しました』と言うけれど、そうさせたのは父であり、弟をつまずくように手を回していたのも父なのだ。それにもまして、この世界では、生き物の命を奪って食べなければ生きることができないのだから、この世界は苦と罪を積むためにあったのだ。

弟は、この物質世界と中界を行き来している間に悪霊と交流して父を忘れ、父と縁が切れていた状態が『死《し》んでいた』ということなのだ。だが、父を思い出して『生《い》き返《かえ》』った。父（＝聖霊）が永遠の命で、思い出すことで永遠の命に帰って来たと理解しよう。

この（放蕩息子《ほうとうむすこ》）の福音は、《第五章　天国へのルート案内》で、聖霊に会ったことを、視点を変えて、『父《ちち》（＝聖霊）』の立場から語る内容なのだ。

どうやらこの福音では、聖霊による洗礼の場面は語られず、再会のシーンのみが語られている。それによって、父が息子との再会をどれほどに待ち望み、それが実現できたことを手放しで喜んでいる父の思いが強く表現されている。

父は、必要な経験だからと、息子をこんな悪の世界に一人で旅立たせたのだ。だが、父がどれほど息子を心配していたのか、それは、その喜びようからも分かるのだ。

そしてもう一つ、弟について勘違いしてほしくないので話しておこう。

『父《ちち》は資産《しさん》を二人《ふたり》に分《わ》けて』、と語られたこの資産の分け方は、弟が父の資産から《徳分》を頂き、兄は《物質の資産》を頂いた、と理解してほしい。

この《徳分》とは、神からは《預金通帳に記された数字のように数えられるもの》なのだ。そして、この神の徳分とは、悪魔からすれば、甘露なのだ。悪魔から見れば、《徳分》とは、《幸運》と言い換えることもできるもので、弟が『そこで放蕩《ほうとう》に身《み》を持《も》ち崩《くず》し、財産《ざいさん》を無駄遣《むだづか》いしてしまった』と語られているけれど、その実際は、《弟は、悪魔の魂の者に囲まれておだてられ、《幸運》を周りの者に安易に分け与えてしまった》ということなのだ。

結局、弟は根っからの善人で、悪人に良いようにされてしまった、という話なのだ。

なので、キリスト教徒が思う弟に対する認識は、まったくの間違いなのだ。

こんなところにも、悪魔が善の者を貶《おとし》める解釈を入れていたのだ。

話変わって、面白いのは兄の方だ。

兄は、『わたしが友人《ゆうじん》と祝宴《しゅくえん》を開《ひら》くために子山羊《こやぎ》一匹《いっぴき》もくださいませんでした』と父に不満を漏らしているのだが、それに対して父は、『わたしのものはすべてお前《まえ》のものだ』と返している。

つまり、兄は、父が子山羊をくれなかったと言っているのだが、その子山羊は最初から兄の物だったのだ。

そしてもう一つ、『子《こ》よ、お前《まえ》はいつもわたしとともにいる』と父が言ったのは、《兄は、キリスト教教会に居座っているではないか》と言っていたのだ。兄にとって大事なのは、父（＝聖霊）ではなく、物質世界の教会の方なのだ。今の教会が、聖霊について何も語れていないのを見れば、それは明白なのだ。

悪霊は、物質世界もキリスト教教会も完全に占領している。そのことを父は、『わたしのものはすべてお前《まえ》のものだ』と言っていたのだ。

兄は、『わたしは長年《ながねん》お父《とう》さんに仕《つか》え、一度《いちど》も言《い》いつけに背《そむ》いたことはありません』と言い切るほど熱心な宗教者だ。この兄の言葉は、『わたしは長年《ながねん》《教会》に仕《つか》え、一度《いちど》も《教会の教え》に背《そむ》いたことはありません』と読み取れる。実際、『お父《とう》さん』と《教会》はイコールでなければならないので、この言い換えに違和感はないはずだ。だが教会は、悪の者に占領されているので、その意味はまったく違うものになる。

これが理解できれば、兄が『わたしが友人《ゆうじん》と祝宴《しゅくえん》を開《ひら》くために子山羊一匹《こやぎいっぴき》もくださいませんでした』と文句を言ったのだが、《兄に『子山羊一匹《こやぎいっぴき》も』与えない》と決《き》めたのは、『お父《とう》さん』ではなく《教会》だと分かる。

そして、悪の者である兄が、同じ悪の者である娼婦を『娼婦《しょうふ》ども』と蔑《さげす》む姿は、悪が悪を差別する姿を見せている。だが、本当に罪深いのは、娼婦よりも宗教者である兄の方なのだ。多くの人を悪の教えに染めた兄の方が、娼婦よりも罪が重いのだ。

マタイによる福音書　第十五章14節（人《ひと》を汚《けが》すもの）
彼《かれ》らは盲人《もうじん》を導《みちび》く盲人《もうじん》である。盲人《もうじん》が盲人《もうじん》を導《みちび》けば、二人《ふたり》とも穴《あな》に落《お》ちてしまう。

『お父《とう》さん』を《聖霊》ではなく、《教会》だと思っている兄は、『盲人《もうじん》を導《みちび》く盲人《もうじん》』になっていた。人々を《天の父》に導くのではなく、ただただ人を《地上の教会》に集めることが兄にとっての喜びだったのだ。だが、その行いによって兄は多くの人を『穴《あな》に落《お》』としたのだ。

それにしても、神は、キリスト教教会が悪に完全に食い荒らされている状態で平然としていた。ある意味、《神の懐《ふところ》は深すぎる》という話だ。神は、悪霊すらも懐に入れて好きにさせていた。だから神は、弟を旅立たせたのだ。教会で小賢《こざか》しく悪を学ばせるよりも、外に出して放蕩させた方が、弟の経験と学びには遙かに良いと考えたのだ。

この第十五章11〜32節（ルカによる福音書）（放蕩息子《ほうとうむすこ》）の話が理解できれば、次の福音も読み解ける。

マタイによる福音書　第十八章13・14節（迷《まよ》える羊《ひつじ》）

その人《ひと》は迷《まよ》わなかった九十九匹《きゅうじゅうきゅうひき》の羊《ひつじ》よりも、その一匹《いっぴき》のことを喜《よろこ》ぶであろう。このように、これらの小《ちい》さな者《もの》が一人《ひとり》でも滅《ほろ》びることは、天《てん》におられるあなた方《がた》の父《ちち》のみ旨《むね》ではない。

『（迷った）その一匹《いっぴき》』が『放蕩息子《ほうとうむすこ》』だと気付けば、この福音の『その一匹《いっぴき》』が、（放蕩息子《ほうとうむすこ》）の福音に登場する『弟《おとうと》』の別表現だと分かる。『これらの小《ちい》さな者《もの》』が、《胎児である善の魂の者》のことで、『九十九匹《きゅうじゅうきゅうひき》の羊《ひつじ》』が宗教に群がる者（＝兄たち）で、そこから『一匹《いっぴき》』で飛び出した者（＝弟）を『天《てん》におられるあなた方《がた》の父《ちち》』が見捨てるわけがない、という話なのだ。

## おとめたち

次の福音の登場人物は、『賢《かしこ》いおとめ』が善の魂の者、『愚《おろ》かなおとめ』は悪の魂の者だ。だから、正しい善悪の割合は、善が三人で悪が七人となる。だが、それは秘密だったので、誰もそこに疑いを持たないように頭数を同じにしていた。

登場人物の配役は、肉体霊が『おとめ』で、聖霊が『花婿《はなむこ》』なのだ。なので、『愚《おろ》かなおとめたち』には、待つべき『花婿《はなむこ》』は最初から存在しなかった。

これを頭に入れて、読んでみよう。

マタイによる福音書　第二十五章1～13節（十人《じゅうにん》のおとめの喩《たと》え）

「そこで、天《てん》の国《くに》は、明《あ》かりを手《て》にして花婿《はなむこ》を出迎《でむか》える十人《じゅうにん》のおとめに喩《たと》えられる。その中《なか》の五人《ごにん》は愚《おろ》かで、五人《ごにん》は賢《かしこ》かった。愚《おろ》かなおとめたちは、明《あ》かりは手《て》にしていたが油《あぶら》を用意《ようい》していなかった。しかし、賢《かしこ》いおとめたちは、明《あ》かりと一緒《いっしょ》に、器《うつわ》に入《い》れた油《あぶら》も持《も》っていた。ところが、花婿《はなむこ》の来《く》るのが遅《おく》れたので、みな眠《ねむ》くなり、そのまま寝込《ねこ》んでしまった。夜中《よなか》に、『さあ、花婿《はなむこ》だ。迎《むか》えに出《で》なさい』と叫《さけ》ぶ声《こえ》がした。おとめたちはみな起《お》きて、それぞれ明《あ》かりを用意《ようい》した。その時《とき》、愚《おろ》かなおとめたちは賢《かしこ》いおとめたちに言《い》った、『油《あぶら》を分《わ》けてください。明《あ》かりが消《き》えてしまいますので』。賢《かしこ》いおとめたちは答《こた》えた、『あなた方《がた》に分《わ》けてあげるほど、油《あぶら》はありません。それよりも、店《みせ》に行《い》って、自《じ》分《ぶん》の分《ぶん》を買《か》っておいでなさい』。彼女《かのじょ》たちが買《か》いに行《い》っている間《あいだ》に、花婿《はなむこ》が到着《とうちゃく》した。用《よう》意《い》のできていたおとめたちが、花婿《はなむこ》と一緒《いっしょ》に婚礼《こんれい》の祝宴《しゅくえん》の間《ま》に入《はい》ると、戸《と》は閉《し》められた。その後《ご》、ほかのおとめたちが来《き》て言《い》った、『主《しゅ》よ、主《しゅ》よ、どうぞ開《あ》けてください』。すると、主人《しゅじん》は答《こた》えた、『あなた方《がた》によく言《い》っておく。わたしはあなた方《がた》を知《し》らない』。だから、目《め》を覚《さ》ましていなさい。あなた方《がた》はその日《ひ》、その時《とき》を知《し》らないからである」。

この福音の『明《あ》かり』とは《教え》、『油《あぶら》』は自分自身の《情熱》だと思おう。

もう二〇〇〇年も『花婿《はなむこ》の来《く》るのが遅《おく》れ』て、その間に《教え》は歪められて、『みな眠《ねむ》くなり』と語られているのだが、実際には《目を曇らされた》とか《目を閉ざさせられた》と理解するべきだろう。

そうやって本来の信仰は閉ざされて『寝込《ねこ》んでしまった』ような状態になっていたのだ。

そんな状態なので、本書で『さあ、花婿《はなむこ》だ。迎《むか》えに出《で》なさい』と『叫《さけ》ぶ声《こえ》』をあげて目を覚まさせたのだ。

だが、歪んだ信仰心では、花婿を迎えることはできない。だから、花婿を迎える準備とは、自分の信仰心を正しくするために、イエスの教えを正しく学び直す必要がある。その学び直す情熱（＝油）を持つ者でなければ花婿は迎えられないのだ。だから、『油《あぶら》』とは、分け与えるものでもなく、店に売っているものでもないのだ。だが、『愚《おろ》かなおとめたち』は、何処かで教えてもらえればと外を走り回る。

だが実際には、『さあ、花婿《はなむこ》だ。迎《むか》えに出《で》なさい』と聞いた時には、聖霊（＝『花婿《はなむこ》』）は『賢《かしこ》いおとめたち』の前にいたのだ。その聖霊が『明《あ》かり』であり『油《あぶら》』だったのだ。その聖霊の導きに本気になって学んだことで『用意《ようい》のできていたおとめたち』になり、『花婿《はなむこ》と一緒《いっしょ》に婚礼《こんれい》の祝宴《しゅくえん》の間《ま》に入《はい》る』ことができた。

その後で、『愚《おろ》かなおとめたち』が、『主《しゅ》よ、主《しゅ》よ、どうぞ開《あ》けてください』と言っても、彼女たちは最初からその対象ではなかった。だから、『あなた方《がた》によく言《い》っておく。わたしはあなた方《がた》を知《し》らない』という返答だったのだ。

なので、『だから、目《め》を覚《さ》ましていなさい。あなた方《がた》はその日《ひ》、その時《とき》を知《し》らないからである』と、取って付けたようなことを言って、《天国に行く者は最初から決まっている》という事実を隠蔽《いんぺい》したのだ。

イエスにも言えることと言えないことがあった。

イエスは、イエスが語る神の教えが悪魔に預《あず》けて歪められたとしても、今の時代まで残すことができると知っていた。だから、悪魔という存在を明確にはできなかったのだ。

人類の終末を伝える教えが二〇〇〇年も遅れたら、そんな教えはとっくの昔に廃《すた》れていたはずだ。

それを、悪魔が寄って集《たか》って人類最高の教えだと持ち上げたから今の時代まで残った。

だがその悪魔の教えも、『愚《おろ》かなおとめたち』が語った『明《あ》かりが消《き》えてしまいますので』という言葉の通り、今の教会の《教え（＝明《あ》かり）が『その日《ひ》、その時《とき》』、消えてしまう》のだ。

だから、『賢《かしこ》いおとめたち』は、そんな消えてしまう教えを捨てて、聖霊から永遠の教えを学び直す必要があるという話なのだ。

# 団体戦終盤の様相

次に参照する福音は、第二十五章10節《マタイによる福音書》（十人《じゅうにん》のおとめの喩《たと》え）で『用意《ようい》のできていたおとめたちが、花婿《はなむこ》と一緒《いっしょ》に婚礼《こんれい》の祝宴《しゅくえん》の間《ま》に入《はい》ると、戸《と》は閉《し》められた』と語られた所からの『婚礼《こんれい》の祝宴《しゅくえん》の間《ま》』の中での話になる。

（十人《じゅうにん》のおとめの喩《たと》え）では、聖霊は『花婿《はなむこ》』と呼ばれていたが、次の（王子《おうじ》の結婚《けっこん》披露宴《ひろうえん》）の福音では『王子《おうじ》』になっている。

そして、この話の主役は、（王子《おうじ》の結婚《けっこん》披露宴《ひろうえん》）と小見出しが付けられていながら『王子《おうじ》』と花嫁ではなく『招待客《しょうたいきゃく》たち』なのだ。

また、次の福音の冒頭に『イエスは、また喩《たと》えで彼《かれ》らに語《かた》られた』とあるのだが、『喩《たと》え』ているのは登場人物たちだけで、語られている内容は非常に具体的なのだ。

マタイによる福音書　第二十二章1〜14節（王子《おうじ》の結婚《けっこん》披露宴《ひろうえん》）

イエスは、また喩《たと》えで彼《かれ》らに語《かた》られた、「天《てん》の国《くに》は次《つぎ》のように喩《たと》えられる。ある王《おう》が王子《おうじ》のために結婚《けっこん》の披露宴《ひろうえん》を催《もよお》した。王《おう》は披露宴《ひろうえん》に招《まね》いた人々《ひとびと》を迎《むか》えに、僕《しもべ》たちを遣《つか》わしたが、その人々《ひとびと》は来《こ》ようとしなかった。そこで、王《おう》は、重《かさ》ねてほかの僕《しもべ》たちを遣《つか》わして言《い》わせた、『宴《うたげ》の用意《ようい》が整《ととの》いました。牛《うし》や肥《こ》えた家畜《かちく》も屠《ほふ》って、すべての用意《ようい》が整《ととの》いました。

さあ、披露宴《ひろうえん》においでください』。しかし、彼《かれ》らはそれを無視《むし》して、ある者《もの》は畑《はたけ》に、ある者《もの》は商売《しょうばい》に出《で》かけ、ほかの者《もの》たちは王《おう》の僕《しもべ》たちを捕《つか》まえて辱《はずかし》め、殺《ころ》してしまった。王《おう》は怒《おこ》って、軍隊《ぐんたい》を差《さ》し向《む》け、これらの人殺《ひとごろ》したちを滅《ほろ》ぼし、その町《まち》を焼《や》き払《はら》ってしまった。そして、僕《しもべ》たちに言《い》った、『披露宴《ひろうえん》の用意《ようい》は整《ととの》っているのに、招待客《しょうたいきゃく》たちはふさわしい者《もの》ではなかった。だから、大通《おおどお》りに行《い》って、誰《だれ》でもよいから、出会《であ》う人《ひと》を披露宴《ひろうえん》に招《まね》きなさい』。僕《しもべ》たちは通《とお》りに出《で》ていき、悪人《あくにん》であれ善人《ぜんにん》であれ、出会《であ》う人《ひと》をみな集《あつ》めてきた。こうして、披露宴《ひろうえん》は客《きゃく》でいっぱいになった。王《おう》は客《きゃく》を見《み》ようとして入《はい》っていった。すると、そこに婚礼《こんれい》の礼服《れいふく》をつけていない者《もの》がいるのに気《き》づいた。王《おう》は彼《かれ》に向《む》かって、『友《とも》よ、どうして婚礼《こんれい》の礼服《れいふく》をつけずに、ここに入《はい》ってきたのか』と尋《たず》ねたが、その人《ひと》は何《なに》も答《こた》えなかった。そこで、王《おう》は給仕《きゅうじ》たちに言《い》った、『この男《おとこ》の手足《てあし》を縛《しば》って、外《そと》の闇《やみ》に放《ほう》り出《だ》せ。そこには嘆《なげ》きと歯《は》ぎしりがある』。実《じつ》に、招《まね》かれる人《ひと》は多《おお》いが、選《えら》ばれる人《ひと》は少《すく》ない」。

最初に、この福音の登場人物を整理して解明を試《こころ》みよう。『王子《おうじ》』については、既に説明した。だが、何と言っても気になるのは、『招待客《しょうたいきゃく》たち』だ。

まず分かりやすいところから、『婚礼《こんれい》の礼服《れいふく》をつけていない者《もの》』とは《身形《みなり》が整っていない者》ということで、これは『一《いち》クァドランス』にまで自我を磨けなかった者を示している。そして、『外《そと》の闇《やみ》に放《ほう》り出《だ》せ』と言っているので、彼らは悪霊たちだと分かる。

この福音の『招待客《しょうたいきゃく》たち』は、『これらの人殺《ひとごろ》したちを滅《ほろ》ぼし』とか、『手足《てあし》を縛《しば》って、外《そと》の闇《やみ》に放《ほう》り出《だ》せ』と、皆、酷《ひど》いことになっている。また、この『披露宴《ひろうえん》の』『招待客《しょうたいきゃく》たち』は、『大通《おおどお》りに行《い》って、誰《だれ》でもよいから、出会《であ》う人《ひと》を披露宴《ひろうえん》に招《まね》きなさい』と、強引に集められている。

つまり、この『結婚披露宴《けっこんひろうえん》』の『招待客《しょうたいきゃく》たち』は、この『披露宴《ひろうえん》』に集《つど》いたくない者たちで、彼らは全員悪魔の魂の者だったのだ。つまり、悪霊たちにとっては、この『披露宴《ひろうえん》』が最後の審判の場だったのだ。

つまり、この『結婚披露宴《けっこんひろうえん》』は、悪の者が善の者に《ざまあ》を披露《ひろう》する宴《うたげ》の時だったのだ。

これは、《最後の審判の処刑の場面》なのだ。

なかなかにエグいシーンだと思うのだが、善の者はこれを見て溜飲《りゅういん》を下げて、心置きなく天国に旅立っておくれよ、という『王《おう》』からの配慮なのだと思おう。しかし、こう言ってしまうと、結局善の者は、悪の者が《ざまあ》されるまで赦していない、と気付くだろう。

だから、こういう場面を見ると、次のイエスの言葉は何だったのかと思う。

## 赦し

マタイによる福音書　第十八章21・22節（赦《ゆる》し）

「主《しゅ》よ、わたしの兄弟《きょうだい》がわたしに罪《つみ》を犯《おか》した場合《ばあい》、何度《なんど》、赦《ゆる》さなければなりませんか。七回《ななかい》までですか」。イエスはお答《こた》えになった、「あなたに言《い》っておく。七回《ななかい》どころか、七《なな》の七十倍《ななじゅうばい》までである。

悪の者は、イエスの《『七《なな》の七十倍《ななじゅうばい》まで』赦せ》と言った言葉に、何をやっても赦されると安心していたのだろう。この言葉は、善の者よりも悪の者に向けられた、悪を罠《わな》にはめるための言葉だったのだ。

だから残念、この福音の引用外の最後にある言葉、『(第十八章35節)もしあなた方一人《がたひとり》ひとりが、自分《じぶん》の兄弟《きょうだい》を心《こころ》から赦《ゆる》さないなら、天《てん》におられるわたしの父《ちち》も、あなた方《がた》に対《たい》して同《おな》じようになさるであろう』という言葉と、あなたの過去の行いによって、あなたは裁かれることになる。

それは、この福音の中で『一万《いちまん》タラントンの負債《ふさい》のある者《もの》』の行いに『父《ちち》』がどう処したかで分かるだろう。

だけど実は、この宇宙で一番の唯一神の気持ちを吐露《とろ》しているお筆先があって、そこには、《悪の行いに、堪忍袋の緒が切れる寸前というところまで怒り心頭になっている》と書かれている。

一番上位の唯一神自身が、悪をまったく赦していないのだから、『七《なな》の七十倍《ななじゅうばい》まで』って何なの？という話なのだ。

まあ、普通に理解すれば、《いずれ神が悪を裁くから、人間であるあなた方は、その時が来るまで『七《なな》の七十倍《ななじゅうばい》まで』でも我慢しておくれよ》という話なのだ。そうしなければ、その時には善の者も裁かれてしまうことになるからだ。

実は、善のルールでは、『目《め》には目《め》を、歯《は》には歯《は》を』の『同害賠償《どうがいばいしょう》』を行った上で赦すのが正しい。《善いことには善いことを、悪いことには悪いことを》。それがキッチリとしていなかったならそれは神ではない、という話なのだ。

悪の者たちは、自分の悪い行いを棚に上げて、自分を酷い目に遭わせないでと祈っている。故に、《悪の者は、善のルールを無視した上に更に甘えたことを言っている存在》ということになるのだ。

だから、イエスの言葉を安易に切り取って、自分に都合の好い解釈をしてしまうと、エラい目に遭うという話なのだ。悪魔は、こうやってイエスの教えすら人を甘やかす悪の教えに変えてしまっていたのだ。

ところで、〈王子《おうじ》の結婚披露宴《けっこんひろうえん》〉の最後の『実《じっ》に、招《まね》かれる人《ひと》は多《おお》いが、選《えら》ばれる人《ひと》は少《すく》ない』という言葉には、少し気になるところがある。『選《えら》ばれる人《ひと》は少《すく》ない』ということは、《少ないながら選ばれる人がいる》ということで、その者は善の魂の者なのだ。ということは、『結婚《けっこん》の披露宴《ひろうえん》を催《もよお》』すほど、ほとんどの者が天国に行く準備ができているのに、《まだ悪の常識に凝り固まったまま意地を張って聖霊に従わない者がいる》ということなのだ。しかし残念ながら、聖霊はあなたを決して見捨てないので、あなたが意地を張るだけ苦痛が長引くだけなのだ。

あなたが本書を十分に読み込めているのなら、そんな状況に陥ることはないと保証しよう。

そういえば、まだ登場人物の中で説明していない者たちがいた。

それは、『王《おう》』と『王《おう》の僕《しもべ》たち』だ。その『王《おう》』は、《神の人員配置》で説明した『天《てん》』の神界の唯一神となる者だ。そして、『王《おう》の僕《しもべ》たち』とは、《『天《てん》』の神界に住むことになる者たち》だ。

我々のような地上に生きる者は、《新しく出来る神界に行く者たち》で、聖霊は唯一神を除いて《『地《ち》』の神界に住む者たち》であるので、善の神の軍団で残っているのは、《『天《てん》』の神界に行く者たち》だけなのだ。

『王《おう》は怒《おこ》って、軍隊《ぐんたい》を差《さ》し向《む》け、これらの人殺《ひとごろ》したちを滅《ほろ》ぼし、その町《まち》を焼《や》き払《はら》ってしまった』と語った『軍隊《ぐんたい》』とは、《『天《てん》』の神界に住むことになる者たち》なのだ。この者たちが、前に少しだけ語った我々の魂の兄姉《きょうだい》なのだ。

# イエスの覚悟を知れよ

マタイによる福音書　第十章34節（平和《へいわ》ではなく分裂《ぶんれつ》）
わたしが地上《ちじょう》に平和《へいわ》をもたらすために来《き》たと思《おも》ってはならない。わたしが来《き》たのは、平《へい》和《わ》ではなく剣《つるぎ》を投《とう》ずるためである。

この福音は、イエスを愛の使者と謳《うた》うキリスト教教会にとっては不都合な真実なのだろう。
だが、イエスを愛の使者に仕立て上げたのは悪魔なのだ。

マタイによる福音書　第三章11節（洗礼者《せんれいしゃ》ヨハネの宣教《せんきょう》）
その方《かた》は聖霊《せいれい》と火《ひ》で、あなた方《がた》に洗礼《せんれい》をお授《さず》けになる。

伊都能売神諭　P五五〜　大正七年十二月二十四日（旧十一月二十二日）
丹波《たんば》の国《くに》の山奥《やまおく》に、角無《つのな》き鬼《おに》が現《あらわ》れて、摺針峠《すりはりとうげ》の鉄棒《てつぼう》で、世界《せかい》の亡者《もうじゃ》を片端《かたっぱし》から打《う》ち懲《こ》らして改心《かいしん》をさせるなり、また和知《わち》の流《なが》れに引《ひ》き添《そ》うて一《ひと》つの鰐《わに》が首《くび》を上《あ》げ、世界《せかい》の学《がく》者《しゃ》を食《く》い殺《ころ》し呑《の》み込《こ》んで、世界《せかい》の害《がい》を除《のぞ》かせる仕組《しぐみ》の実地《じっち》が出《で》て来《く》るぞよ。

最初に出した二つの福音は既出で、そこでしっかりと説明したので思い出してほしい。

どちらも、知らぬふりしてやり過ごして、それで済まされるような言葉ではないのだ。


教会では、イエスは温和な者とされていて、再臨の時にもただ現れるだけのように書かれているのだが、お筆先に書かれた審判の様子は、洗礼者ヨハネもイエスもなかなかに過激だ。

このお筆先では、『角無き鬼《つのなおに》』が洗礼者ヨハネで、『鰐《わに》』がイエスなのだ。

なので、洗礼者ヨハネは、『摺針峠《すりはりとうげ》の鉄棒《てつぼう》で、世界《せかい》の亡者《もうじゃ》を片端《かたっぱし》から打《う》ち懲《こ》らして改心《かいしん》をさせる』。

『摺針峠《すりはりとうげ》』って何だろう？　これを漢字からイメージしてみれば、すり鉢状で外周は急斜面で峠のように迫り上がって逃げ出せず、その中は一面に針が突き出ているのだろう。洗礼者ヨハネは、その中に悪霊どもを入れて鉄棒で打ち懲らしめるそうだ。

イエスは、『世界《せかい》の学者《がくしゃ》を食《く》い殺《ころ》し呑《の》み込《こ》んで、世界《せかい》の害《がい》を除《のぞ》かせる』と言う。『食《く》い殺《ころ》し呑《の》み込《こ》んで』消化してしまったら『学者《がくしゃ》』は改心もできないだろう。もしかして、改心すら許さないということか？

なかなかにビックリな状況で、二人ともよっぽど鬱憤《うっぷん》が溜まっていた、ということなのだろう。

# 剣を投ずる

第十章34節《マタイによる福音書》（平和《へいわ》ではなく分裂《ぶんれつ》）の福音の『剣《つるぎ》を投《とう》ずるため』というのは、最後の審判の時の話ではなく、その前の段階だ。

この、『剣《つるぎ》を投《とう》ずる』という言葉は、《物理的に戦え》と言っているわけではない。

神の本当のことを学んで、既存の教会の教えを真実で切り刻んで切り捨てる。そのために投下される《知》の『剣《つるぎ》』なのだ。

つまり、本書で語っている内容が、イエスが『投《とう》ずる』『剣《つるぎ》』なのだと理解してほしい。

イエスの生きた時代も、イエスは、自らと同じ神を信仰しているはずの教会に、《神の知の『剣《つるぎ》』》を投じていた。

そして、今という時代になって、自らの教えを伝えているはずのキリスト教という教会に対して、《神の知の『剣《つるぎ》』》を投じる時となったのだ。

それを行うのは、今が《最後の審判の直前の時》という時が来たからだ。本当はもっと早くに伝えられればと思ったのだが、伝えるべき時は決められていたのだ。

それは、次の福音にある。

マタイによる福音書　第二十四章9〜14節（迫害《はくがい》の予告《よこく》）
その時《とき》、人々《ひとびと》はあなた方《がた》を艱難《かんなん》に遭《あ》わせ、殺《ころ》す。またあなた方《がた》はわたしの名《な》のためにすべての民族《みんぞく》に憎《にく》まれる。その時《とき》、多《おお》くの人《ひと》がつまずき、互《たが》いに裏切《うらぎ》り、憎《にく》み合《あ》う。また、多《おお》くの偽預言者《にせよげんしゃ》が現《あらわ》れて、多《おお》くの人《ひと》を惑《まど》わす。悪《あく》がはびこるので、多《おお》くの人《ひと》の愛《あい》が冷《ひ》える。しかし、最後《さいご》まで耐《た》え忍《しの》ぶ者《もの》は救《すく》われる。また、すべての民族《みんぞく》に対《たい》する証《あか》しとして、天《てん》の国《くに》のこの福音《ふくいん》が全世界《ぜんせかい》に宣《の》べ伝《つた》えられる。それから、終《お》わりが来《く》る。

『天《てん》の国《くに》のこの福音《ふくいん》が』、正しく理解されて『全世界《ぜんせかい》に宣《の》べ伝《つた》えられる』ことで『終《お》わりが来《く》る』という流れなのだ。

キリスト教教会の者は、それが実現できるのかは別にして、そしてそれを本気でやろうとしているのかも別にして、『天《てん》の国《くに》のこの福音《ふくいん》（＝教会の解釈）が全世界《ぜんせかい》に宣《の》べ伝《つた》えられる』ことで全世界の人々がキリスト教徒になって、天国が到来して、この悪の世界に『終《お》わりが来《く》る』と思っているのだろう。

そして、教会からすれば、この本こそが『偽預言者《にせよげんしゃ》』の語ることだと思うだろう。また、これに追従する者が多く出て来たら、『多《おお》くの偽預言者《にせよげんしゃ》が現《あらわ》れ』たと思うのだろう。

過去を振り返れば、キリスト教は、当時の大国が行った植民地政策に便乗して、武力で支配下に置いた国を強制的に改宗させるというような、『あなた方《がた》はわたしの名《な》のためにすべての民族《みんぞく》に憎《にく》まれる』こともした。でも、教会は、そんな古いことを持ち出されても、今の我々には関係ないと思っているだろう。しかし、彼らは過去の自分の行いを無意識に自覚していたから、《生まれ変わりは無い》として自分の過去は真《ま》っ新《さら》だと誤魔化したのだ。

教会に都合の好い部分を福音から切り出して、教会に都合の好い解釈をする。だから、それだけを見れば理論の破綻は無いように思うだろう。だが、たくさんの言葉が取り残されている。

だが、こうは言ってみても、所詮は外部から教会を見て語っているだけ、ここまで語ったことも私の推測に過ぎない。

しかし、この福音は過去の話ではなく、これから訪れる未来の話なのだ。

第二十四章9～14節《マタイによる福音書》（迫害《はくがい》の予告《よこく》）の内容は、未来に起こることなのだ。

『天《てん》の国《くに》のこの福音《ふくいん》が全世界《ぜんせかい》に宣《の》べ伝《つた》えられる。それから、終《お》わりが来《く》る』。この言葉は、未来に起こることを告げる預言なのだ。それを前提として、今の教会の状況を考えてみる。

今のキリスト教教会の教えは、既に十分に『全世界《ぜんせかい》に宣《の》べ伝《つた》えられ』ている状態だと言えるだろう。なのに『終《お》わりが』来ていないということは、《教会の教え》が福音の真実を伝えていないということになる。なので、この福音の言葉によって、これまで教会が語って来たことは嘘ばかりと証明される。結局、今の教会が嘘ばかりを伝えるのは、悪魔が教会を支配して、この世の『終《お》わりが来《く》る』ことだけは阻止したいからなのだ。多くの人はその悪魔の考えに賛成だろう。

逆に、福音の真実が伝えられた時が、この世界の終わりの時なのだ。

本来のキリスト教教会は、終末の預言を伝えるのが役割のはずなのに、今の教会は終末が来ることを絶対に認めようとはしない。

マタイによる福音書　第六章19～21節（天《てん》に宝《たから》を積《つ》む）
あなた方《がた》は自分《じぶん》のために地上《ちじょう》に宝《たから》を積《つ》んではならない。そこでは虫《むし》が食《く》い、さびがつき、盗人《ぬすびと》が忍《しの》び込《こ》んで盗《ぬす》み出《だ》す。あなた方《がた》は自分《じぶん》のために天《てん》に宝《たから》を積《つ》みなさい。そこでは虫《むし》が食《く》うことも、さびがつくことも、盗人《ぬすびと》が忍《しの》び込《こ》んで盗《ぬす》み出《だ》すこともない。あなたの宝《たから》のある所《ところ》に、あなたの心《こころ》もある。

地上に富を積むことを否定するイエスの言葉があるのに、地上に荘厳《そうごん》な教会を造り、そこに富を集めている。サグラダ・ファミリアは、金が無いと言ってたびたび工事を中断しているけれど、そもそも造らなければ金を集める必要もなかっただろう。

教会を運営する者たちの『心《こころ》』が、『天《てん》』ではなく、地上にあるのは明白だ。

その気になれば、洗礼者ヨハネのように、荒れ野でも活動できたはずだ。

教会で着飾っている彼らは、地上で既に報《むく》われている。

故に、我が世の春を謳歌している自分たちを、その教えで否定する者を決して認めることはできない。美しく荘厳な教会を造り、その雰囲気に酔いしれさせて、人々を地上の教会に縛り付ける。それに文句を言う者は殺してしまえ。それが、悪魔の正義だ。

その悪魔の正義によって、『【善である】あなた方《がた》を艱難《かんなん》に遭《あ》わせ、殺《ころ》す』のだ。


世界中のあらゆる民族に浸透したキリスト教の教会によって、『わたしの名《な》のためにすべての民族《みんぞく》に憎《にく》まれる』ことになる。『しかし、最後《さいご》まで耐《た》え忍《しの》ぶ者《もの》は救《すく》われる』。

これを行いこれを成せた者が、イエスの十二人であり七十二人となる者たちだ。

それは、《天国で自らの国を造り、その国を治める国主となる者たち》なのだ。


しかし、イエスに従う者は、何故、これほどの目に遭わなければならないのか?

それにも、明確な理由がある。

次は、その理由について話そう。

# 第七章　イエスの弟子が地上で成すこと

## イエスに従う者が苦難に遭うわけ

ここで言うイエスに従う者とは、十二人と七十二人だ。
それは、イエスの弟子ということだ。
彼らは、国を造りその国を治める王となる者なのだ。
それ故、その国に住む民たちよりも、彼らには遙かに厳しい試練が課せられている。
イエスは、具体的にどのように言っているだろうか。
それを福音から拾い出そう。

マタイによる福音書　第五章39～42節（同害賠償《どうがいばいしょう》）
悪人《あくにん》に逆《さか》らってはならない。右《みぎ》の頬《ほお》を打《う》つ者《もの》には、ほかの頬《ほお》も向《む》けなさい。また、あなたを訴《うった》えて下着《したぎ》を取《と》り上《あ》げようとする者《もの》には、上着《うわぎ》をも取《と》らせなさい。無理《むり》にも一《いち》ミリオンを歩《ある》かせようとする者《もの》とは、一緒《いっしょ》に二《に》ミリオン歩《ある》きなさい。求《もと》める者《もの》には与《あた》えなさい。あなたから借《か》りようとする者《もの》に背《せ》を向《む》けてはならない。

これを読んで、「これが弟子に対する試練なのか？」と思った人は、どうぞ続きを読んでほしい。

まずは、全体を軽く解説する。これは、一般に理解すらされていない部分を、まず説明する必要があるからだ。

この《理解できない部分がある》というのが、教会の立ち位置を自ら表明していることになる。なので、ちょっと脱線してこれについて説明しよう。

これまで（荒《あ》れ野《の》での試《こころ》み）の小見出しのみ、何度も出してきたがここで参照する。と言っても一部分だけだ。

## パンより大事なもの

マタイによる福音書　第四章4節（荒《あ》れ野《の》での試《こころ》み）

『人《ひと》はパンだけで生《い》きるのではない。神《かみ》の口《くち》から出《で》るすべての言葉《ことば》によって生《い》きる』

と書《か》き記《しる》されている。

イエスは、古くからあるこの言葉は有効だと言っている。この言葉の意味を深く理解してほしい。一般によく知られるこの言葉が、『人《ひと》はパンだけで生《い》きるのではない』の前半部分ばかりなのは、後半に不都合な真実があるからだ。

大事なのは、『神《かみ》の口《くち》から出《で》るすべての言葉《ことば》によって生《い》きる』の方だ。

だが、今の教会は、『神《かみ》の口《くち》から出《で》るすべての言葉《ことば》（から、分かる部分だけ拾い出して、都合の好い解釈）によって生《い》きる』ことを是《ぜ》としている。

《だって、分からないのは仕方がないよね、人間だもの》と、真実の探究に疲れた心に悪魔が入り込んで、人をそこに安住させてしまった。故に、そうならないように、『神《かみ》の口《くち》から出《で》るすべての言葉《ことば》』を解読する努力が何よりも大事だったのだ。

『神《かみ》の口《くち》から出《で》るすべての言葉《ことば》』を正しく理解することで、神の意に沿《そ》った生き方ができるのだから、これを放棄するなら悪魔の生き方をしていると表明しているようなものなのだ。

それが、今の教会の立ち位置なのだ。


と、言いたいことを言ったので、話を戻そう。

## 本当は怖い福音の書

第五章《マタイによる福音書》39～42節（同害賠償《どうがいばいしょう》）の福音を読めば、『悪人《あくにん》に逆《さか》らってはならない』と言いながら、『ほかの頬《ほお》も向《む》けなさい』と、《悪人に向かって行け》とも言っている。

その次には、『下着《したぎ》を取《と》り上《あ》げようとする者《もの》』とあって、下着を欲しがって何がしたいんだ？　と考え人間の構造を理解するならば、この『下着《したぎ》』の意味も分かることになる。

人間は、魂の上に霊体を着て、その上に肉体を着ている存在だ。つまり、上着は肉体で下着は霊体なのだ。

お筆先では、《人間は、魂に霊体と肉体を重ね着している》とあり、それによって、『下着《したぎ》』と『上着《うわぎ》』のこの言葉にピンと来たのだ。

その理解で、『あなたを訴《うった》えて下着《したぎ》を取《と》り上《あ》げようとする者《もの》』を解釈すれば、《あなたの心を揺さぶり動揺させて、あなたの霊を奪おうとする者》となって、それをイメージすれば、《悪霊があなたの霊を引き抜いて、あなたの肉体に入り込もうとしている》となる。『聖書』には《悪霊に憑《つ》かれた者》の話が多く書き残されているのだから分かるだろう。

その延長で次の言葉の『上着《うわぎ》をも取《と》らせなさい』を解釈すれば、《自分の肉体をも与えなさい》となる。これを端的に言えば、《肉体である自分を殺させなさい》という意味だ。

次の『無理《むり》にも一《いち》ミリオンを歩《ある》かせようとする者《もの》とは、一緒《いっしょ》に二《に》ミリオン歩《ある》きなさい』の意味は、《あなたに行動を強制させる者が現れたら、更に一緒に行動しなさい》となる。

ここまでのことを整理しよう。

悪意を向けられたなら、悪意に向かって行って相手を怒らせろ。

悪意に行動を強制されたなら、更に付いて行って相手を怒らせろ。

イエスは、『悪人《あくにん》に逆《さか》らってはならない』と言いながら、《相手を怒らせて自分を殺させなさい》と言っていたのだ。


これは、《弟子たちに死に方を教えていた》という話だ。

悪に逆らい悪に勝とうとして悪を殺そうと望むなら、自らに罪を積むことになる。

肉体の死を恐れてはいけない。

こうやって自ら悪に殺される状況に持って行くことが重要なのだ。

悪が善を殺すことで悪側から善との縁を切らせる形になり、また、善から悪に向かって行き殺されることでこの悪の蔓延《はびこ》る世界に自ら決別する意志を示すことになる。この形に持っていくことで、互いに離別の意思を示し、善と悪が離縁を果たしたと言えるのだ。少々強引であったとしても、後腐れのないようにこの離縁に双方が合意している、という形を取ることが重要なのだ。


と、こんなことを言えば、ユダヤ人から罵詈雑言《ばりぞうごん》が聞こえて来そうだ。

「神は、悪には《双方が合意して》とか気遣《きづか》っておいて、ユダヤ人には酷いことばかり」って言われそう。だが、それについては自分の本当の親に会えるのだから、自らの思いの丈《たけ》を心のままに全身全霊で親にぶつけてやってください。

ということで、話を戻す。

マタイによる福音書　第六章24節（仕《つか》える）

誰《だれ》も二人《ふたり》の主人《しゅじん》に兼《か》ね仕《つか》えることはできない。一方《いっぽう》を憎《にく》んで他方《たほう》を愛《あい》するか、または、一方《いっぽう》に親《した》しみ、他方《たほう》を疎《うと》んじるかである。あなた方《がた》は神《かみ》と富《とみ》に仕《つか》えることはできない。

あなたが、この世界にしがみつこうとするのなら、この世の『富《とみ》に仕《つか》える』者だ。たとえあなたが一文無《いちもんな》しのどん底でも、この世界にしがみつこうとするのなら、あなたは『富《とみ》に仕《つか》え』ることを表明したと解釈される。

あなたは、最後の審判の前に《『富《とみ》に仕《つか》える』者ではない》と、その意志を天の父に示す必要がある。

しかし、これだけは注意してほしい。もし、それを表明する手段に、あなたが自殺を選択したとしたら、そこには聖霊が関わっておらず、その上、聖霊から悪に殺人の罪を問えない故に、死んだ先もこれまで通り中界の悪魔の世界に行って、結局、悪に絡め取られることになる。そうなってしまうと、最後の審判が辛いことになる。

だからそうならないように、天の父からあなたに悪は遣《つか》わされる。
それ故に、第五章39〜42節《マタイによる福音書》（同害賠償《どうがいばいしょう》）の場面はあなたの元に訪れる。
あなたにその時が来た時は、この福音を思い出そう。

マタイによる福音書　第五章43〜45節（敵《てき》への愛《あい》）
あなた方《がた》も聞《き》いているとおり、『あなたの隣人《りんじん》を愛《あい》し、敵《てき》を憎《にく》め』と命《めい》じられている。しかし、わたしはあなた方《がた》に言《い》っておく。あなた方《がた》の敵《てき》を愛《あい》し、あなた方《がた》を迫害《はくがい》する者《もの》のために祈《いの》りなさい。それは、天《てん》におられる父《ちち》の子《こ》となるためである。

第五章39〜42節《マタイによる福音書》（同害賠償《どうがいばいしょう》）の場面があなたに訪れた時、あなたが『天《てん》におられる父《ちち》の子《こ》となるため』に、『あなた方《がた》の敵《てき》』があなたの前に現れて、相手はあなたを殺す罪を重ねて地獄に落ちる役目を果《は》たすのだから、ご苦労さまと感謝の祈りを捧げたくなるだろう。
（同害賠償《どうがいばいしょう》）の福音の言葉から浮かび上がるシーンを想像すれば、相手は最初、あなたを殺す気はないように見える。なのに、あなたが無理矢理自分を殺させようと動くのだから、余計な罪を相手に積ませているようなもので、その上、殺されなければならない理由を知っているあなたは、ますます相手にごめんねと思いながら殺されるのではないかと考えると、本気で『あなた方《がた》を迫害《はくがい》する者《もの》のために祈《いの》り』たくなるのではないかな。

普通の感覚で考えれば、「なんやねんこれ！」って言いたくなる人もいるだろう。

けれど、天の父やら霊を相手に生きていると、こういうことは普通にあるのだ。

聖霊と共に生きるって、結構に大変なことなのだ。

だが聖霊は、すべてを分かってそれを行う。あなたも、それを分かって行うのだ。

それは、『天《てん》におられる父《ちち》の子《こ》となるため』なのだ。


同じことを語っている福音をもう一つ出そう。

マタイによる福音書　第十章39節（平和《へいわ》ではなく分裂《ぶんれつ》）
自分《じぶん》の命《いのち》を得《え》ようとする者《もの》はそれを失《うしな》い、わたしのために命《いのち》を失《うしな》う者《もの》は、それを得《え》る。

この福音のこの言葉は、聖霊から『神《かみ》（＝天国）と富《とみ》（＝この世界）』のどちらに『仕《つか》える』のかを迫られた時の、その選択の結果について語っていると分かるだろう。

『聖書』を理解したのなら、その日その時、成すべきことが分かるのだ。

それが成されてこそ、イエスが二〇〇〇年も前に語ったことではあるが、《伝えた意味があった》と言えるのだ。

この世界は、悪魔の愛に満ちている。《だから弟子たちよ、そんな愛は断ち切れ！》という話なのだ。

でもこの話って、イエスの弟子たちが地上に生きていることが前提となるのだが、実際、この本に書いてあることをこの世界で成すために生まれ変わって今を生きているのだ。

さて、イエスに従う者が苦難に遭う理由は、これで十分に説明できたと思っている。だが、もう少し話しておくことがある。

## 天国の危険性

天国は、天国であるから天国だ。と、そう言うのであれば、それは確かに正しい。
しかし、天国にも危惧《きぐ》される危険はある。
それ故、その危惧が現実にならないよう国主となる使徒たちは、強固な心になるよう聖霊から鍛え上げられる。そのための一環として、彼らは、殺されても動じないくらいに強靭《きょうじん》な心を造り上げる必要があり、実際に殺されてその成果を示すのだ。

だが、その危惧される危険とは何なのか？
その答えが、次の福音に書かれている。

マタイによる福音書　第二十六章61節（最高法院《さいこうほういん》の裁判《さいばん》）
わたしは神殿《しんでん》を打《う》ち壊《こわ》し、三日《みっか》のうちにそれを建《た》て直《なお》すことができる。

マタイによる福音書　第十七章20節（悪霊《あくれい》の追放《ついほう》）
もし、あなた方《がた》に一粒《ひとつぶ》の芥子種《からしだね》ほどの信仰《しんこう》があれば、この山《やま》に向《む》かって、『ここからあそこへ移《うつ》れ』と言《い》えば、山《やま》は移《うつ》る。あなた方《がた》にできないことは何《なに》もない。

『三日《みっか》のうちに』『建《た》て直《なお》す』『神殿《しんでん》』とは、国主が天国に造る完結した一つの世界とも言える国土なのだ。
『わたしは神殿《しんでん》を打《う》ち壊《こわ》し』と言った『わたし』とは、善の神たちで、『それを建《た》て直《なお》す』のは弟子である国主たちだ。《壊す者》と《建て直す者》は違うと理解してほしい。イエスが『わたしは』と言っていたとしても、イエスがすべてをやるわけではない。多くの神がいてそれぞれに役割が与えられている。そして、天使にも全員に成すべき仕事はあるのだ。

天国では、一つの国土全体が『神殿《しんでん》』なのだ。一つの宗教に一つの神殿があるのが天国だ。

それをたった三日で、国主は、国土の自然環境や建造物から小物まで、あらゆる物を造ってしまう。

なので、『あなた方《がた》に一粒《ひとつぶ》の芥子種《からしだね》ほどの信仰《しんこう》があれば』、山を移すくらいは簡単なことで、『あなた方《がた》にできないことは何《なに》もない』とイエスは言った。

だが、この二つの福音の何が、天国の危険性を語っていると言うのか？


この子宮内世界は、《泥》と《水》が原料だ。だが、それらの物質は不活性で重いのだ。

しかし、天国は、気を原料とする気で出来た世界だ。その《気》が、ダークエネルギーだとすれば、宇宙を膨張させるほどの物質なのだから、かなり活発な物質だと推測できるだろう。国主は、それを材料にして国を造る。

天国は、そんな物質を使って、たった三日で出来てしまう。それほど簡単に物質が形成されてしまうのだと理解しよう。

そしてこれは、《国主の意志によって、国土のすべてが出来上がっている》という話でもある。

なので、それほど簡単に出来た世界なのであるから、国主の何らかの感情の爆発一つ、怒りの感情一つで、国土は一瞬で崩壊してしまうほどに脆《もろ》いということでもあるのだ。そうなった時には、国土のすべてが爆弾と化してしまうことになる。

だから、そうならないように、この世界で国主たちは精神を鍛え上げられるのだ。

そして、天国に、国主の機嫌を損《そこ》ねる悪魔が一匹でも紛《まぎ》れ込めば、それこそ危うい事態となる。蚊《か》の一匹で、「あっ」と思った瞬間、何処かが壊れてしまうほどの世界なのだ。なので、悪魔を一匹も天国に入れさせないために、神は最後の審判を行う必要があるのだ。

なので、悪魔は地獄行きの一択。悪魔には天国に行くという選択肢は存在しないのだ。

## 天国に行く一般の人たち

イエスの弟子たちの話ばかりしても、天国に行く一般の人たちの話もしておかないと、誰でもできると思って弟子たちと同じことをやろうとしても、困ることになるかもしれないので、話しておこうと思う。

でも、その前に、何故、イエスの話は弟子たちのことばかりなのか？　と思うだろう。一般の人たちの話は、国主が民に対してやるべきことを語った時くらいしか出て来ない。なので、一般の人たちに向けた話は皆無というほどに無いのだ。だが、それが正しい。一般の人たちは、イエスの言葉と弟子たち、それらを見て学びなさいというスタンスなのだ。だから、一般の人たちも『新約聖書』を読んでくれれば善い、という話だ。

一般にイエスに従う者と言えば、多くの信者がそれに当たる。

だが国主ではない者たちで、直接イエスに従う者は、天使にはいない。

一般の人たちは、国主が造る国土の中に住む者たちで、国主が教祖となる国土という神殿の中で、教祖の信者となる者たちなのだ。一つの国土に一つの宗教。その中で善い実となるのが、一般の人たちだ。

一般の人たちも個人戦に挑戦して、『最後《さいご》の一《いち》クァドランス』を払い『同害賠償《どうがいばいしょう》』の場面まで行ったなら、この世で最後の審判を終わらせることができるだろう。なかでも、市長や町長のように国の中で街を取りまとめる役となる者には、率先して挑戦してほしい。

そこまで達した者なら、中界で自らの国主となる者に会えば、自分がどの役割の者なのか、自分がどの宗教に属する者なのか分かるだろう。

だが、一般の人でそこまで行ける者はそれほどいないのかもしれない。その人たちが個別にはどのような状況に置かれているのか、私には分からないのだ。しかし、漏れなく一人に一柱《ひとはしら》の聖霊が憑《つ》いて導いてくれるのだから、あまり悩むのも意味はないのだ。

国主となる者には、本人が意識していなくても、もう既に、聖霊からのアプローチがあるはずだ。

マタイによる福音書　第六章8節（祈《いの》り）
あなた方《がた》の父《ちち》は、あなた方《がた》が願《ねが》う前《まえ》に、必要《ひつよう》とするものを知《し》っておられるからである。

この福音の言葉を言い換えれば、《『父《ちち》（＝聖霊）』から『あなた』に、聖霊の押し売りが来るぞ》となる。

今は一般の人たちにも、聖霊からのアプローチがあるかもしれない。もう、そういう時なのだ。そして、そういう者たちであるなら、あなたが日常で感じている違和感が何処から来るのか、この本の内容と照らし合わせることで理解できるだろう。

でも、悪霊も聖霊のフリをして来るので、注意が必要だ。そんな悪霊に乗せられてしまうと、福音を拠《よりどころ》としているようで実は違う、根拠があるようで何の根拠もない『偽預言者《にせよげんしゃ》』をやらされてしまうことになる。

と言ってはみたが、『偽預言者《にせよげんしゃ》』をやるのは悪の魂の者で、それに賛同する者も悪の魂の者で、絶対多数が悪の魂の者なのだから、善の魂の者はこの世界では勝てないのが必定《ひつじょう》なのだ。

だからそんな者とは戦わず、この世界のことは日々仕事をして糧を得ながらも気持ちの上では切り捨てて、中界にある最後の審判の会場に設けられた自分専用の観覧席（＝花婿の隣）で、彼らが裁かれる様を見るのを楽しみに待っていようではないか。もう、彼らが威張っていられるのも、この世界にいる時だけなのだ。

## 神が語る裁きについて

まずは、裁きについて、神が語っている福音を出そう。

マタイによる福音書　第十二章36・37節（善《よ》い木《き》と悪《わる》い木《き》）
裁《さば》きの日《ひ》に、人《ひと》は自分《じぶん》が語《かた》ったすべての無益《むえき》な言葉《ことば》について、弁明《べんめい》しなければならない。
あなたは自分《じぶん》の言葉《ことば》によって義《ぎ》とされ、また、自分《じぶん》の言葉《ことば》によって罪《つみ》ある者《もの》とされる。

この言葉は、子宮の中での善悪について語っている。なので、この福音は子宮の中のみの話と理解しよう。

この世界は、もうすぐ無《む》に帰すことになる。なので、この世界について語った言葉は、『すべて』が『無益《むえき》な言葉《ことば》』となる。これはそういう話なのだ。

この世界は、神が造った。だが、この世界を運営していたのは悪魔だ。

だから、悪魔のルールが適用される。その、悪魔のルールとは自己責任なのだ。

その悪魔のルールで、あなたは神から裁かれる。

『あなたは』、自分の行いを『自分《じぶん》の言葉《ことば》』で裁かれることになる。口で正義を語り、行いに不正があれば、『自分《じぶん》の言葉《ことば》』が自分を裁く罪状を告げる。

また、あなたが他人を悪《あ》し様《ざま》に言った言葉が、自身にも適用される。そうして、『自分《じぶん》の言葉《ことば》』で自分が裁かれる。


この世界は、何をやっても良い世界だ。あなたもこれまで、そう思って生きて来ただろう。と、そんなことを言えば、「いいえ、そんなことはありません。神の言葉に従って生きて来ました」って言う人もいるのかもしれない。でも、この世界を見渡してほしい。余所《よそ》の国、余所の宗教では、あなたと違うルールで生きている人もいると知っているだろう。

あなたは、その人たちを否定するのかい？

もし、あなたがその人たちを認めないのなら、あなたも、その人たちのルールによって否定され裁かれる権利を与えることになる。

これは、そういう話なのだ。


この話は、次の福音に端的に書かれている。

前に出した第十二章36・37節《マタイによる福音書》（善《よ》い木《き》と悪《わる》い木《き》）の福音と、次の福音は、互いに補完できると分かるだろう。

マタイによる福音書　第六章14・15節（主《しゅ》の祈《いの》り）
人《ひと》の過《あやま》ちを赦《ゆる》すなら、あなた方《がた》の天《てん》の父《ちち》もあなた方《がた》を赦《ゆる》してくださる。しかし、あなた方《がた》が人《ひと》を赦《ゆる》さないなら、あなた方《がた》の父《ちち》も、あなた方《がた》の過《あやま》ちを赦《ゆる》してくださらない。

ここまで来れば、『あなた方《がた》の天《てん》の父《ちち》』とは、聖霊のことだと分かるだろう。なので、ここの解説では、『天《てん》の父《ちち》』を聖霊と言い換えて語ろう。


この福音を読めば、『赦《ゆる》さない』と言う者は、『赦《ゆる》さない』という理由によって、聖霊から裁かれると理解できるだろう。

あなたが『赦《ゆる》さない』と言ったあの者は、聖霊に赦されて其処《そこ》にいる。あなたが赦せないあの者を赦している聖霊を、あなたは赦せるのか？

それともあなたは、聖霊とあの者は関係ないと言うのか？

どちらにしても、《赦せないと言うあなた》によって、相手は敵になる。聖霊もあなたの敵になる。赦せないと言うあなたなら、そのくらいの覚悟はできているだろう。人を呪《のろ》わば穴二つ。でも、相手があなたの呪いに赦《ゆる》しで応《こた》えてきたら、あなた一人が穴の中。

第六章14・15節（主《しゅ》の祈《いの》り）で語られるこの言葉は、それがあり得ると教えていた。

あなた方は、自由に自分が正しいと信じるルールを決めて、守るだの守らないだの、守れだの守れないだのとやっていた。

聖霊は、あなたのその願いにより、あなたのルールを肯定し、そのルールによってあなたを『義《ぎ》』とするのか『罪《つみ》』とするのかを決める。

神は、あなたが決めた身勝手なルールを適用して、あなたにそのルールによる判定を下す。


あなたには、聖霊の前で『弁明《べんめい》』する機会が与えられている。だから、頑張って『弁明《べんめい》』しなさい。

だが、あなたが『弁明《べんめい》』を頑張るほど、墓穴を掘ることになると思うけどね。


第十二章36・37節《マタイによる福音書》（善《よ》い木《き》と悪《わる》い木《き》）の福音は、『裁《さば》きの日《ひ》』には、聖霊は、このようにして裁くと教えていた。ただ、これは、人類は皆兄弟と言うように、人間同士における話なのだ。

だから、聖霊はこんなに軽い扱いをしていた。

所詮《しょせん》、人間同士のもめ事なのだから、そんなことは早急《さっきゅう》に解決せよ、という話なのだ。

これは、自分が赦せば良いだけで、相手からの赦しを得る必要はない。ならば、とっとと赦せば良いだけなのだ。そのくらいは、すぐにできるだろう。だが、できないならば次のステージが辛いことになる。

次のステージは、既出ではあるが、次の福音だ。

マタイによる福音書　第十二章31・32節（聖霊《せいれい》に対《たい》する罪《つみ》）
だから、あなた方《がた》に言《い》っておく。人《ひと》の犯《おか》すどんな罪《つみ》も冒瀆《ぼうとく》も赦《ゆる》される。しかし、聖霊《せいれい》に対《たい》する冒瀆《ぼうとく》は赦《ゆる》されない。また、人《ひと》の子《こ》に言《い》い逆《さか》らう者《もの》は赦《ゆる》される。しかし、聖霊《せいれい》に言《い》い逆《さか》らう者《もの》は、この代《よ》でも後《のち》の代《よ》でも赦《ゆる》されない。

ここには、『人《ひと》の犯《おか》すどんな罪《つみ》も冒瀆《ぼうとく》も赦《ゆる》される』と書かれている。ただし、《あなたが赦したら》という条件は付くのだが、あながた赦せば『どんな罪《つみ》も』赦されてしまうのだ。それほどに、人に対する人の罪は、その程度と言える扱いなのだ。

それに比べて、『聖霊《せいれい》に対《たい》する冒瀆《ぼうとく》』や『聖霊《せいれい》に言《い》い逆《さか》らう』ことは、『赦《ゆる》されない』と言っている。これは、言葉通りに受け取ろう。あなたを天国へと導くのが聖霊なのだ。その聖霊に逆らうなら、天国には行けないのが必然なのだ。

ここまでの話、《悪の者には聖霊はいないのだから関係ない》とは思わないでほしい。善の魂の者はその本霊が見ていて、善の者には、まだ聖霊や兄姉がいるのだから、悪の魂の者にも十分に目が届いているのだ。

## 悪の魂の者への褒美《ほうび》

基本イエスは、悪の者に対して無慈悲に切り捨てるようなことを言っていた。
しかし、ここでは《悪の者にも神からご褒美がある》という話をしよう。
それは、次の福音にある。

マタイによる福音書　第十五章24～28節（カナンの女《おんな》の信仰《しんこう》）

イエスは、「わたしはイスラエルの家《いえ》の失《うしな》われた羊《ひつじ》のためにしか遣《つか》わされていない」とお答《こた》えになった。しかし、女《おんな》はイエスのもとに来《き》て、ひれ伏《ふ》して、「主《しゅ》よ、わたしをお助《たす》けください」と言《い》った。すると、イエスは「子供《こども》のパンを取《と》り上《あ》げ、子犬《こいぬ》に投《な》げ与《あた》えるのは、よいことではない」とお答《こた》えになった。しかし彼女《かのじょ》は言《い》った、「主《しゅ》よ、ごもっともです。しかし、子犬《こいぬ》も主人《しゅじん》の食卓《しょくたく》から落《お》ちるパン屑《くず》を食《た》べます」。その時《とき》、イエスは仰《おお》せになった、「婦人《ふじん》よ、あなたの信仰《しんこう》は立派《りっぱ》だ。あなたの望《のぞ》みどおりになるように」。娘《むすめ》はただちに癒《い》やされた。

イエスの言う『イスラエルの家《いえ》の失《うしな》われた羊《ひつじ》』とは、第十五章11～32節《ルカによる福音書》（放蕩息子《ほうとうむすこ》）で登場した『弟《おとうと》』だと分かれば難しい話ではない。

イエスは、『放蕩息子《ほうとうむすこ》』たちに神の教えを伝えるために地上に『遣《つか》わされ』た。そして、『イエスのもとに来《き》』た『カナンの女《おんな》』とは、悪の魂の者だ。しかしイエスは、『婦人《ふじん》よ、あなたの信仰《しんこう》は立派《りっぱ》だ』と言って、彼女の『望《のぞ》み』を叶えた。
これは、《悪の魂の者でも、正統な神の教えを受け入れるなら、神はその行いに報いる》と言っていたのだ。

次の福音は、悪の魂の者とはどのような者なのかを説明している。これを読んで、第十五章24～28節《マタイによる福音書》（カナンの女《おんな》の信仰《しんこう》）の福音を更に深く理解しよう。

マタイによる福音書　第七章6節（聖《せい》なるものを汚《けが》すな）
聖《せい》なるものを犬《いぬ》に与《あた》えてはならない。また、あなた方《がた》の真珠《しんじゅ》を豚《ぶた》に投《な》げ与《あた》えてはならない。犬《いぬ》や豚《ぶた》はそれらを足《あし》で踏《ふ》みつけ、向《む》き直《なお》って、あなた方《がた》を咬《か》み裂《さ》くであろう。

この福音には、悪の者の心根が語られている。これを前の福音の言葉と合わせると、『子供《こども》のパン』は『聖《せい》なるもの』、『子犬《こいぬ》』は『犬《いぬ》や豚《ぶた》』となる。『カナンの女《おんな》』は悪の魂の者で『犬《いぬ》や豚《ぶた》』に喩えられている。
なので、《悪の魂の者は、『聖《せい》なるものを』『足《あし》で踏《ふ》みつけ』『あなた方《がた》を咬《か》み裂《さ》く』》と言っていることになる。

だが、『カナンの女《おんな》』は、悪の魂の者でありながら『聖《せい》なるものを』『食《た》べます』と言ったのだ。悪の者にとって、『聖《せい》なるもの』がどれほど忌避《きひ》すべきもので唾棄《だき》すべきものかは、『足《あし》で踏《ふ》みつけ』『あなた方《がた》を咬《か》み裂《さ》く』と言った言葉で分かるだろう。

それなのに、『カナンの女《おんな》』は《『聖《せい》なるものを』腹に入れます》と言い切ったのだ。

だからイエスは、彼女の言葉に、『婦人《ふじん》よ、あなたの信仰《しんこう》は立派《りっぱ》だ』と賞賛したのだ。

悪でありながらもこのようなことができる者が、地上で行う個人戦での聖霊による洗礼の時には必要になる。

## 地上での聖霊による洗礼の実際

聖霊が我が子（＝賢《かしこ》いおとめ）に再教育を施《ほどこ》すには、悪の魂の者の協力が必要だ。

聖霊は、地上で姿を見せず語りもせずに我が子を導くのがルールだ。なので、我が子の周りにいる人たちに動いてもらう必要がある。だが、その打ち合わせは、霊のレベルで行われる。なので、地上の人間には分からないことなのだ。

これは、そういう次元の話なので、自分勝手な思い込みで《神に使われて行った》なんて言う人は、悪魔に使われている人になる。

《聖霊が我が子を教育する》状況とは、地上で個別に聖霊による洗礼を行っている時なのだ。

我が子が地上に生きている時に行う聖霊による洗礼なので、洗礼が行われている者の周りにいる人たちが聖霊に使われて、我が子に試練を課すことになる。その《周りにいる人たち》が、『カナンの女《おんな》』のような者たちなのだ。


聖霊は、周りにいる人間の行動や言葉で児を教育するという、面倒で回りくどいことをやっている。これが聖霊のやり方で、聖霊自身は児には一切語らずに、周りの人間にやらせるのだ。

この善のやり方を知っていれば、『預言者《よげんしゃ》』が「神はこう言った」と言い出したなら、それを言った存在は悪霊で、この人は『偽預言者《にせよげんしゃ》』だと分かるのだ。


神から人間に向けた直接的な教育は、外国では洗礼者ヨハネとイエスの時代で終わっていて、日本では出口直と出口王仁三郎の時代で終わっていた。

外国では、神からの教えがイエスを通してその言葉と活動が記録として残され、現代まで伝えられていたのが『新約聖書』なのだ。

そして日本では、神の言葉がそのまま記録されたのがお筆先で、それを一般に読めるようにして現在まで残されていたのが『大本神諭』と『伊都能売神諭』なのだ。

この外国と日本での活動で、神から人間に向けて教えるべきことはすべて語り終えているので、もはや語る必要のない神は、それ以降は何も語らなかった、ということなのだ。

つまり、それ以降に語っている神とか天使と称する存在は、悪魔とか悪霊であることを証明している、という話なのだ。

だから、「神はこう言った」と言う者は、『偽預言者《にせよげんしゃ》』確定なのだ。

《お筆先は艮《とどめ》の教え》という言葉には、それほどの意味があった、という話なのだ。


話を戻そう。

《聖霊に遣《つか》われる》ということをこれまでの解説から出せば、第五章39～42節《マタイによる福音書》（同害賠償《どうがいばいしょう》）で弟子たちを殺す者たちも『カナンの女《おんな》』の役割を担《にな》う者になる。その者は悪の魂の者ではあるが、神の意図を理解して悪を行う者なのだ。なので、それを成した者は神からご褒美を頂くことになる。


しかし、人を殺しておいてご褒美が頂けるって、神の善悪ってどうなってる？　って思うかもしれない。でも、神は生死を司《つかさど》る存在なのだから諦めてほしい。今世を終わらせ来世を与えるのが神なのだ。今世さえあれば来世なんて要らない、なんて言う者の方がよっぽど酷なことを言っている。年老いて痛みで動かない身体で日々を何年も過ごすより、赤ん坊から五体満足で新たな人生を始めた方が遙かに楽しいだろう。でも、今度だけは、今世が終われば再び地上に生まれ出る機会は訪れない。

脱線ばかりの話を戻して、神が悪の者にご褒美を与えると言っても、悪の魂の者には天国に行くというご褒美は与えられない。故に、この世界でご褒美が与えられる。それが今回のこの世界の時なのか、次回に造られるこの世界の時のことなのかは、それを行った者の霊の『望《のぞ》み』によって決まることになる。

## 聖霊に正面から向き合う

しかし、聖霊と多くの悪霊が裏で協力関係にあるなんてこと、暴露して良かったかな？

こんな話を聞けば、聖霊と悪霊と人間が、想像を超えて密接な関係にあると分かるだろう。

でも、ま、次の福音もあるのだから、皆、その覚悟くらいはあっただろうと言いたいが、理解が半分なら覚悟も半分ほどなのかも。

次の福音は、善の魂の者にも悪の魂の者にも有効となる話だ。

マタイによる福音書　第十章30・31節（誰《だれ》を恐《おそ》れるべきか）
あなた方《がた》は、髪《かみ》の毛《け》までもみな、数《かぞ》えられている。だから、恐《おそ》れることはない。

『あなた方《がた》は、髪《かみ》の毛《け》までもみな、数《かぞ》えられている』と書かれているのだが、誰に『数《かぞ》えられている』と思うだろう？

この答えは、聖霊であり悪霊たちだ。人間の行いは、神にも悪魔にも筒抜けだ。人間の関知できない神界・霊界から見られていたのだから、人間が考えるセキュリティなんて無意味だ。

すべての人間は、この状態にある。

これを認めるのが嫌な人間が、神や悪魔をいないことにして、それらの存在から心を閉ざした。神や悪魔と相対《あいたい》することもできない、勇気も覚悟もない人間の方が、地上で堂々と生きている。神の存在も信じなければ悪魔の存在も信じない。そんな人間だから、悪魔に好いように操られて、地上でふんぞり返って生きていられたのだ。

だが、その心は神や悪魔から逃げて、強固な石の下に隠れたつもりの虫ケラの心なのだ。そんな弱い心だから、悪霊に乗っ取られる。だから、神はいないなんて言うそんな人間の話を聞いても、この先の未来に善いことは何もないのだ。

ところで、現代人で、プライバシーだだ漏れ状態で『だから、恐《おそ》れることはない』なんて言われても、逆に恐れる人の方が多いのではないかと思う。

だが、神から常に見られていることを理解している人なら、神は正しく評価すると知っているのだから『恐《おそ》れることはない』と思って生きていられるのだ。

イエスの言葉を理解しようと挑めば、それは、神と真正面から相対することになる。

それが、神に挑む心。それは、『聖霊《せいれい》に対《たい》する冒瀆《ぼうとく》』でもなく、『聖霊《せいれい》に言《い》い逆《さか》らう』行為でもない。

聖霊を無視するその心と行いこそが、『聖霊《せいれい》に対《たい》する冒瀆《ぼうとく》』なのだ。

また、聖霊に従順に従えばよいというような心のあり方も駄目で、《聖霊を理解すること》こそが重要なのだ。

聖霊とわたしと、互いに分かり合うために聖霊にケンカ腰で挑んでも、それは『冒瀆《ぼうとく》』とはならないと理解してほしい。子供が、親にわがままを言って泣いて喚《わめ》いても、それで動じる聖霊ではない。だから、思いっきり突っかかって行って、最終的に親子の間の蟠《わだかま》りを無くすこと、これこそが大切なことなのだ。

聖霊は、あなたと三位一体となる相手の一人だ。互いに分かり合わなければならない相手なのだ。

あなたは、気付かなければならない。

地上で個人戦を成し遂げたあなたは、大本の神域で初めて精霊の顔を見る。これは《出産した》ということになるのだ。ただこの状況は、聖霊による洗礼という《細い道（＝産道）》を通って精神的に産まれ出たという状態で、宇宙から出るという物理的な出産の前の段階なのだ。

聖霊が大本の神域であなたを迎える。聖霊にとっては、長い旅を終えた我が子にやっと触れ合うことができる瞬間なのだ。

この時を待ちに待った親の万感の思いを、あなたはその身で受け取れよ。

# 霊での活動

次の福音には、人類滅亡後の中界で、霊体になってからの活動が語られている。とは言っても、第十五章《マタイによる福音書》（放蕩息子《ほうとうむすこ》）や第二十五章《マタイによる福音書》（十人《じゅうにん》のおとめの喩《たと》え）では、途中から中界での話になっていて、第二十二章《マタイによる福音書》（王子《おうじ》の結婚披露宴《けっこんひろうえん》）では、その全部が中界での話だ。だが、次の福音には、この三つの福音では語られなかった、イエスの弟子たちが中界で行わねばならないことが書かれている。この活動は、十二人だけでなく七十二人、そして日本の八人、四十八人にも関係があるのだ。

その福音を参照しよう。

マタイによる福音書　第十章5〜15節（十二人《じゅうににん》の使徒《しと》の派遣《はけん》）

この十二人《じゅうににん》を宣教《せんきょう》に遣《つか》わすにあたって、イエスは次《つぎ》のように指示《しじ》された、「異邦人《いほうじん》の道《みち》に行《い》ってはならない。サマリア人《じん》の町《まち》に入《はい》ってはならない。むしろ、イスラエルの家《いえ》の失《うしな》われた羊《ひつじ》のもとへ行《い》きなさい。行《い》って、『天《てん》の国《くに》は近《ちか》づいた』と宣《の》べ伝《つた》えなさい。病人《びょうにん》を癒《い》やし、死者《ししゃ》を生《い》き返《かえ》らせ、重《おも》い皮膚病《ひふびょう》を清《きよ》め、悪霊《あくれい》を追《お》い出《だ》しなさい。ただで受《う》けたのだから、ただで与《あた》えなさい。帯《おび》の中《なか》に金貨《きんか》も銀貨《ぎんか》も銅貨《どうか》も入《い》れて行《い》ってはならない。旅《たび》に際《さい》して、袋《ふくろ》も二枚《にまい》の下着《したぎ》も、履《は》き物《もの》も杖《つえ》も身《み》に帯《お》びてはならない。働《はたら》く者《もの》が、糧《かて》を得《え》るのは当然《とうぜん》だからである。どの町《まち》、どの村《むら》に入《はい》っても、そこで誰《だれ》がふさわしい人《ひと》かを尋《たず》ね、そこを去《さ》るまで、その人《ひと》のもとに留《とど》まりなさい。家《いえ》に入《はい》ったら、平和《へいわ》を祈《いの》りなさい。もしその家《いえ》がふさわしければ、あなた方《がた》の祈《いの》る平和《へいわ》はその家《いえ》に留《とど》まり、ふさわしくなければ、平和《へいわ》はあなた方《がた》に戻《もど》ってくる。もしあなた方《がた》を受《う》け入《い》れなかったり、あなた方《がた》の言葉《ことば》を聞《き》こうとしない人《ひと》がいたら、その家《いえ》や町《まち》から立《た》ち去《さ》るとき、足《あし》の塵《ちり》を払《はら》い落《お》としなさい。はっきり言《い》っておく。裁《さば》きの日《ひ》には、ソドムやゴモラの地《ち》のほうが、その町《まち》よりも軽《かる》い責《せ》め苦《く》ですまされるであろう」。

前提の話として、旧約でも新約でも『聖書』のお約束の一つとして、《当時の人間を使って、未来に起きることを型にして見せる》ということをやっている。神は、《人間への教育》と《人が未来にやることを当時の人間を使ってやらせる》ということをする。

神は、人間への教育なのか、未来への型なのか、いちいち説明しないので意味不明なことをやらせると思うだろうけれど、《人にやらせたこと》は、大概、《未来に向けた型》となるのだ。

この第十章5～15節《マタイによる福音書》（十二人《じゅうににん》の使徒《しと》の派遣《はけん》）も、未来に行うことの型としてやらせていた。それが実際に行われるのは、人類滅亡後のことなのだ。

未来に起こることを知って、当時に語られていたこと、行われていたことを検討すれば、未来に起こる出来事に、より深い理解を得る。

　そんな感じで、先ほどの福音の全体を理解していこう。

『イスラエルの家《いえ》の失《うしな》われた羊《ひつじ》』は、前に説明した通り『放蕩息子《ほうとうむすこ》』になった善の魂の者だ。なので、『異邦人《いほうじん》（＝悪魔）の道《みち》に行《い》ってはならない』という話だ。

　型ではなく実際に行う時は、『天《てん》の国《くに》は近《ちか》づいた』という言葉が真実になる。

　実際に『使徒《しと》』が『派遣《はけん》』されるのは、人類滅亡後なのだ。

　だが、人々は死した後も生前の病気を引きずって苦しんでいたり、災害の怪我で呻《うめ》いていたり、死んだと思って身動きしない霊体を癒やして起こしてあげながら、自分の国に住む信者を集めることが『使徒《しと》』の仕事なのだ。そのことを、『病人《びょうにん》を癒《い》やし、死者《ししゃ》を生《い》き返《かえ》らせ、重《おも》い皮膚病《ひふびょう》を清《きよ》め、悪霊《あくれい》を追《お》い出《だ》しなさい』と言っていた。

　その次の、『ただで受《う》けたのだから、ただで与《あた》えなさい』は、どうやら『使徒《しと》』たちもズタボロの霊体の状態を、イエスから癒やされた後でその任務を伝えられた、ということなのだろう。

　次の言葉については、すべての者が既に霊体の状態なのだから、お金も荷物も不要になるので、『帯《おび》の中《なか》に金貨《きんか》も銀貨《ぎんか》も銅貨《どうか》も』要らない、ということになる。

　ただ、『二枚《にまい》の下着《したぎ》』については注意が必要だ。前に話した通り、『下着《したぎ》』とは霊のことなので、この『二枚《にまい》の下着《したぎ》』とは、あなたの霊にもう一つの霊が憑《つ》いているということで、『身《み》に帯《お》びてはならない』と書かれているので、このもう一つの霊は悪霊だという解釈になる。ただ、弟子たちがこの活動を行う時には、聖霊と一体となっていて悪霊が近寄ることはないはずなのだ。

『どの町《まち》、どの村《むら》に入《はい》っても』の言葉から以降の話は、死後の世界では人々は似た者同士で大小の集団を作っているので、そこのリーダーと話をしなさいと指示している。

最初に『異邦人《いほうじん》の道《みち》に行《い》ってはならない』と言っているので、それらの町や村となっている集団は、善の魂の者たちの集まりになる。だが、『もしあなた方《がた》を受《う》け入《い》れなかったり、あなた方《がた》の言葉《ことば》を聞《き》こうとしない人《ひと》がいたら』という状況は、彼らは死しても悪魔の世界の常識に染められて、物事を正しく判断できない状態に置かれているということだ。

なので、彼らには、『裁《さば》きの日《ひ》には、ソドムやゴモラの地《ち》のほうが、その町《まち》よりも軽《かる》い責《せ》め苦《く》ですまされるであろう』という言葉が現実になる。この『裁《さば》きの日《ひ》』とは、最後の審判（＝聖霊による洗礼）のことなのだ。

この『ソドムやゴモラの地《ち》のほうが、その町《まち》よりも軽《かる》い責《せ》め苦《く》ですまされるであろう』とは、『ソドムやゴモラ』での裁きは肉体が死したことで終わっている。だが、今度は既に死んでいる状態なのだ。なので今回は、本人が改心するまで聖霊から責められることになる。改心しなければ、天国には行けないのだから、改心するまで徹底的に責められる。それが聖霊による洗礼なのだ。

彼らは、聖霊による洗礼が終わるまでは邪気を纏《まと》った状態にある。なので、『足《あし》の塵《ちり》（＝邪気）を払《はら》い落《お》とし』て次の町や村に行きなさい、とイエスは言った。

未来に起こることとイエスの言葉、これを整合させていく謎解きが面白くて、私自身もこれを書きながら現在進行形で読み解いている。そして、そのイエスの言葉が、未来を顕に見せてくれると気付いたなら半端ではやめられない。読み解くことをやり残しては、私もスッキリとはしないのだ。

そしてもう一つ、霊での弟子の活動について語っている福音を出そう。

マタイによる福音書　第十八章15～20節（兄弟的勧告《きょうだいてきかんこく》）

もしあなたの兄弟《きょうだい》が罪《つみ》を犯《おか》したなら、行《い》って二人《ふたり》だけの間《あいだ》で、彼《かれ》をいさめなさい。もし彼《かれ》があなたの言《い》うことを聞《き》き入《い》れるなら、あなたは自分《じぶん》の兄弟《きょうだい》を得《え》たことになる。しかし、もしあなたの言《い》うことを聞《き》き入《い》れなければ、ほかに一人《ひとり》か二人《ふたり》を連《つ》れていきなさい。『すべてのことは、二人《ふたり》または三人《さんにん》の証言《しょうげん》によって確実《かくじつ》なものとなる』とあるからである。もし彼《かれ》らの言《い》うことも聞《き》き入《い》れなければ、教会《きょうかい》に申《もう》し出《で》なさい。もし教会《きょうかい》の言《い》うことも聞《き》き入《い》れなければ、彼《かれ》を異邦人《いほうじん》や徴税人《ちょうぜいにん》と同様《どうよう》にみなしなさい。あなた方《がた》によく言《い》っておく。あなた方《がた》が地上《ちじょう》でつなぐことはすべて天《てん》でもつながれ、あなた方《がた》が地上《ちじょう》で解《と》くことはすべて天《てん》でも解《と》かれる。さらに、あなた方《がた》によく言《い》っておく。どんなことであれ、もしあなた方《がた》のうち二人《ふたり》が心《こころ》を一《ひと》つにして地上《ちじょう》で願《ねが》うなら、天《てん》におられるわたしの父《ちち》はそれをかなえてくださる。二人《ふたり》また、三人《さんにん》がわたしの名《な》によって集《あつ》まっている所《ところ》には、わたしもその中《なか》にいる。

《霊《れい》での活動》についての話のはずが、この福音の何処に《霊》のことが語られている？　と思うだろう。

この福音は、地上でのことを語りながら、天国への途上のことも語っている。

地上のことについては、弟子たちに、どう行動すべきかを語っている。それを言い表しているのが、『二人《ふたり》または三人《さんにん》の証言《しょうげん》によって確実《かくじつ》なものとなる』という箇所だ。しかし、この福音で理解不能なのは、イエスは当時の教会を否定しているのに、『教会《きょうかい》に申《もう》し出《で》』るようにと語っていることだ。なのでここから推測すれば、この福音は、《弟子たちが未来に造る教会での活動についてのことだ》と理解できる。

これを前提として福音を読み直せば、イエスが何を望んでこれを弟子に語ったのか、普通に理解できるだろう。

それをざっくりと要約すれば、イエスが語るやり方をすれば、『あなた方《がた》が地上《ちじょう》でつなぐことはすべて天《てん》でもつながれ、あなた方《がた》が地上《ちじょう》で解《と》くことはすべて天《てん》でも解《と》かれる』ということで、《あなた方の活動は、天に通じている》と言っていたのだ。

だが、これから先の未来に対しては、これが天国へと向かうやり方で、中界で使徒たちが行わなければならないことなのだ。それが『二人《ふたり》また、三人《さんにん》がわたしの名《な》によって集《あつ》まっている所《ところ》には、わたしもその中《なか》にいる』という言葉の中にあった。

この言葉の『二人《ふたり》また、三人《さんにん》』とは、『二人《ふたり》』と言った場合は、《あなたの聖霊とあなたの肉体霊》となり、『三人《さんにん》』と言った場合は、そこに《あなたの本霊》が入ることになる。これは、三位一体の形なのだ。

『聖書』では、本霊については語られていない。なので『二人《ふたり》また、三人《さんにん》』とごまかすような表現になったのだが、『三人《さんにん》』と語ることで《本霊》という存在がいることを示唆したのだ。

使徒たちは、自身の聖霊による洗礼を終えて国主としての活動を行っている。だが、一般の人たちは、まだ聖霊による洗礼が行われる前の状態だ。その状態で使徒たちは、自らの国に住む住人を集める活動を始める。それは、イエスが二〇〇〇年前に弟子たちに行《おこな》って見せたことなのだ。

イエスが磔刑《たっけい》の後に復活して、弟子たちの前に姿を現して彼らを導いたことも、弟子たちには死後も中界での活動があることを教えるためなのだ。

その時に、使徒たちは三位一体の形で活動しなければならないことを、この福音は語っていた。それ故、使徒たちは生きているうちに聖霊による洗礼を受けて、準備を完了しておかなければならないのだ。

そして面白いのは、ここでの『教会《きょうかい》』は、正統な方の《天の父》なのだ。なので、『もし彼《かれ》らの言《い》うことも聞《き》き入《い》れなければ、教会《きょうかい》に申《もう》し出《で》なさい。もし教会《きょうかい》の言《い》うことも聞《き》き入《い》れなければ、彼《かれ》を異邦人《いほうじん》や徴税人《ちょうぜいにん》と同様《どうよう》にみなしなさい』と語られた意味は、善の魂の者の中界での扱いなのだ。『彼《かれ》らの言《い》うこと』と言った『彼《かれ》ら』とは《使徒》のことで、『教会《きょうかい》の言《い》うこと』と言った『教会《きょうかい》』とは《聖霊》のことで、これはつまり、善の魂の者に対する説得の手順を語っていたのだ。

善の魂の者には、まず、使徒から説得が行われ、それで聞き入れなければその者の聖霊に伝え、聖霊から説得が行われる。それでも聞き入れない者は、『異邦人《いほうじん》や徴税人《ちょうぜいにん》と同様《どうよう》に』火に投げ入れられるのだ。それで改心すれば善し、それでも意地を張るなら改心するまで火の中なのだ。

この第十八章15～20節（兄弟的勧告《きょうだいてきかんこく》）の福音だけでは、ここまで読み解くことはできないだろう。けれど、ほかの様々な福音を理解できて来れば、相乗的にここまでの理解に到達できるのだ。

だから、イエスの言葉に挑戦しなさい。

でも、正解があるなら、それを先に理解した方が福音の理解も早くなるだろう。本書が『聖書』解釈の最先端なのだ。

だがこの本は、悪魔の教えに慣らされた人には猛毒に思えるだろう。目にすることもおぞましく、手に触れることすら恐ろしく感じるだろう。こんなものが神だなんてあり得ない、って思えるだろう。この邪悪なる本を、足で踏みつけ咬《か》み裂《さ》いてしまいたくなったなら、あなたが何者なのか自覚できたということだ。それでもこれを学ぼうとするなら、悪に落ちた善の者にも悪である者にも祝福は与えられる。


悪魔は悪に優しい。あなたの信じていた神はこちらだったのだ。あなたが悪に染まりきっていたから悪魔はあなたに優しかったのだ。

だが、もう悪魔の時代は終わる。だから、いつまでも悪魔の船に乗っかったままでは転覆するのがこの先の未来なのだ。なので、厳しくても神の船に乗り換えることをお勧めする。

## 乗り換え案内

ただ、あなたが乗り換えようとすると、悪霊たちはそれをトコトン邪魔して来る。そのやり方は、《あなたの思考を奪う》というエゲツナイ方法なのだ。

あなたもそれを経験していないかい？　あの話を聞くと腹が立つ、その話は眠くなる。そうやってあなたは、あなたの思考の枠を超えられず、あなたらしく生きて来たのだ。

つまり、あなたが思うあなたらしさは、悪霊から思考を奪われることで形成されていた。だから、《ここから先の思考ができない》と思ったなら、それをあらゆる方向から追求しなさい。それを突破したなら、悪霊からの包囲網を一部崩《くず》せたということだ。これを足がかりに思考の枠を広げてほしい。

人は、これを経験することで悪霊の存在を分かるようになる。これを経験したならば、現実は、小説や映画よりも狡猾《こうかつ》に人を騙していたと実感するだろう。


だが、乗り換えようとすれば、悪霊から報復されるのではないか？　と思う人もいるだろう。なので、私の経験から話そう。悪霊にできるのは、認識阻害程度で、思考阻害とか、見えるはずの物が見えないとかなのだ。それでも、車を運転していると非常に恐ろしく、来ている車が見えなくて事故りそうになる、なんてこともある。ただ逆に、神に助けられていることも実感できるのだ。安全確認は必要以上に行っているつもりなのだが、そこに邪魔が入るのだから、そこから先は神の領分なのだ。自分が注意すれば身を守れる、なんて次元では生きられない。そんなことはもはや不可能だと神にお任せするしかないのだ。

しかし、こんな私の運転免許証はゴールドで、私の感覚から言えば、それは奇跡以外の何物でもないのだ。

こんな話をすれば、《乗り換える》という行為は、《悪魔に守られて生きていたのを、神に守られて生きることにした》と分かるだろう。だが、悪魔に任されているこの世界は、ニュースを見れば事故も多い。それを思えば乗り換えがお勧めではある。

基本、善の魂の者なら聖霊からの守護があるのは分かるだろう。ただ、聖霊による洗礼を受けている間は、事故から学ばされることもあると知っておいてほしい。と言うか、交通事故も含めて仕事の方もあらゆる意味であなたは事故に巻き込まれる。それは、認識阻害された自分が原因だったり他人が原因だったりするのだが、聖霊が関われば逃れられないのだ。私のゴールド免許証は、洗礼を終えてからなのだ。

また、悪の魂の者に神の守護はあるのだろうか、と考えるのだが、多分、『カナンの女《おんな》』の話もあるので、その挑戦にも神から評価されるだろうと思う。

こうやって思考の枠を超える力を得たあなたなら、今はもう、真実へと到達するための道具は揃っている。真実の探求のために毒でも喰《く》らうほどの情熱があるのなら追求してほしい。でも、知的好奇心は、楽しめてこそなのだ。

# イエスの言葉に挑む価値

ここでは、ちょっと前に語った《イエスの言葉に挑戦しなさい》という言葉に込めた意味について語ろう。

マタイによる福音書　第二十二章44節（メシアはダビデの子《こ》か）
主《しゅ》はわたしの主《しゅ》に仰《おお》せになった。わたしの右《みぎ》に座《ざ》せ、わたしがあなたの敵《てき》をあなたの足《あし》元《もと》に置《お》くまで。

この福音の『主《しゅ》』を明確にすれば、最初の『主《しゅ》』は洗礼者ヨハネ、『わたしの主《しゅ》』はイエスだ。

前半部分を解説すれば、《洗礼者ヨハネがイエスに、日本での活動の時まで、『わたしの右《みぎ》』に控えていろと言った》と書かれている。

では、先ほどの話と後半部分はどうつながるのか？

後半は、『わたしがあなたの敵《てき》をあなたの足元《あしもと》に置《お》くまで』とあり、この福音の『わたし』とは、洗礼者ヨハネだ。そして『あなた』と言われた者はイエスだ。つまり、後半は《洗礼者ヨハネがイエスの敵をイエスの足元に置くまで》と語ったのだ。

キリスト教徒は、教会の十字架に架けられたイエスの足元で祈りを捧げる。

そう言うと、「それはカトリックでプロテスタントは違う」と言われそうだ。けれど、「イエス像の無い十字架だから偶像ではない」と言ったとしても、そこにイエスを思い浮かべているのなら、そこに違いはないと理解してほしい。


十字架の前で、イエスの『足元《あしもと》』で祈りを捧げるあなたは、キリスト教徒として誠に相応《ふさわ》しい姿だ。

だが、その姿は《イエスの敵をイエスの足元に置く》と語られたその状況に一致する。

つまり、《イエスの足元で祈りを捧げるあなたは、イエスから敵と認定されている》という話なのだ。イエスに群がる『九十九匹《きゅうじゅうきゅうひき》の羊《ひつじ》』こそが、イエスの敵だと言っていたのだ。

マタイによる福音書　第六章22・23節（目《め》は体《からだ》のともしび）
目《め》は体《からだ》のともしびである。もしあなたの目《め》が澄《す》んでいれば、全身《ぜんしん》が明《あか》るい。しかし、目《め》が悪《わる》ければ、全身《ぜんしん》が暗《くら》い。もし、あなたのうちにある光《ひかり》が闇《やみ》であれば、その暗《くら》さはどれほど深《ふか》いことか。

イエスの前で頭《こうべ》を垂《た》れて目を瞑《つむ》り祈る。

だが、何故目を瞑る？

『澄《す》ん』だ『目《め》』でイエスの言葉を読めば、『目《め》』に『ともしび』が灯《とも》る。『全身《ぜんしん》が明《あか》る』くなる。

『目《め》が悪《わる》ければ』とは、《目を閉じている》と理解してほしい。

故に、イエスの偶像に目を瞑《つむ》り救いを求めれば、『全身《ぜんしん》が暗《くら》』くなる。

だから、イエスに祈るよりも、思い込み《「澄んだ目で」》を排除してイエスの言葉に挑戦しなさい。

第六章22・23節《マタイによる福音書》（目《め》は体《からだ》のともしび）に書かれた内容は、こんな意味だと理解しよう。


だが、偶像崇拝は禁止されていると思ったのだが、その教えは何処に行ってしまったのだ？


そしてもう一つ。

『聖書』を物語のように読んではいけない。そのように読んでしまっては、『聖書』がイエスを主人公にした物語になってしまうのだ。

ここまでこの解説を読んできたなら、今の『聖書』の解説は、『聖書』を歴史上にあった出来事として読んでいると分かるだろう。

そこには、登場人物（＝偶像）が何かやっているぞ、という悪魔の教えがあるだけだったのだ。

『聖書』を読むだけの行為に、偶像崇拝のトラップがあるなんて思いもしなかっただろう。そんな罠にはまっているようでは、神を読み解くことなど不可能だ。

ここまでの説明でも、何故、偶像が禁止されたのか分かるだろう。

でも、神が偶像を禁止したのは、割と単純な理由なのだ。

イエスには、地上で活動した肉体とは別に、霊界に本霊がいて、本霊がイエスの本当の姿なのだ。

つまり、地上の肉体の姿は一時的な仮の姿なので、そんなものを思い浮かべて信仰されても嬉《うれ》しくない、という話なのだ。

あなたがディズニーランドに行って、ミッキーマウスに会って喜んだとしても、ミッキーマウスの着ぐるみの中の人は、ミッキーマウスが自分だとは思っていない、ということなのだ。

神（＝本霊）からしたら、人間の肉体の姿を模して崇められても嬉しくないのに、『旧約聖書』の「出エジプト記」にある『金の子牛』が神だとか言い出したら勘違いも甚《はなは》だしくて、まったく以《もっ》ての論外なのだ。

この世界では、神の姿は見せられないことになっていたから、人の思い込みで像を作ってほしくなくて禁止したのだ。

天国では、誰もが神の本当の姿を見ていつでも拝《おが》むことができる。だから、それを見る前に、人間の勝手なイメージで間違った神の姿を作ってほしくなかった。
神からすれば、ただそれだけのことだったのだ。

# 第八章　イエスの孤独な戦い

# エルサレムのイエス

マタイによる福音書　第二十一章12・15・16節（神殿《しんでん》は祈《いの》りの家《いえ》）

イエスは神殿《しんでん》の境内《けいだい》にお入《はい》りになった。そして境内《けいだい》で物《もの》を売《う》り買《か》いしている者《もの》たちをみな追《お》い出《だ》し、両替人《りょうがえにん》の机《つくえ》や、鳩《はと》を売《う》っている者《もの》たちの腰掛《こしか》けを倒《たお》された。～略～

祭司長《さいしちょう》や、律法学者《りっぽうがくしゃ》たちは、イエスが行《おこな》われた不思議《ふしぎ》な業《わざ》や、境内《けいだい》で、「ダビデの子《こ》に、ホサンナ」と叫《さけ》んでいる子供《こども》たちを見《み》て、憤《いきどお》り、イエスに向《む》かって言《い》った、

マタイによる福音書　第二十一章19節（実《み》のないいちじくの木《き》）

イエスはこの木《き》に向《む》かって、「今後永遠《こんごえいえん》に、お前《まえ》には、実《み》が結《むす》ばないように」と仰《おお》せになった。すると、いちじくの木《き》は立《た》ちどころに枯《か》れてしまった。

（神殿《しんでん》は祈《いの》りの家《いえ》）では、イエスは、相手を怒らせるために怒って見せた。

（実《み》のないいちじくの木《き》）では、イエスは殺されるために『いちじくの木《き》』を殺した。

善の魂の者が悪を行えば、それは自分に戻って来る。

善の者は、それを経験的に知っているので、悪の世でもなかなかに悪を行えなかったのだ。

悪の魂の者が、自分のやった悪事に対してやり返されることを微塵《みじん》も思っていないのは、やり返されないことを経験的に知っているからだ。と言うか、やられたらやり返すだけだってか。と、ついつい、余計な話を差し込んでしまった。戻そう。


イエスは、その行いの結果を受け取るために、意図して原因の種を蒔《ま》いた。

嫌だ嫌だと思いながら、死地に向かい目的を果たそうとするイエスの心を思う。

でも、イエスは何故、殺されようとしたのか?

当時のイエスは、その理由を分かってはいなかったようだ。ただ、天の父がそれを望んだからそれを成した。

そうやってイエスは、《イエスがこれまで弟子たちに語ってきたことを、『天《てん》におられる』父に自分(=『一《いち》クァドランス』)を捧《ささ》げ、『父《ちち》の子《こ》となる』姿を実際にやって見せた》のだ。

その思いを持って事前に語ったのが次の福音だ。

## 契約の血

マタイによる福音書　第二十六章26~29節(聖体《せいたい》の制定《せいてい》)
さて、一同《いちどう》が食事《しょくじ》をしているとき、イエスはパンを取《と》り、賛美《さんび》をささげて、それを裂《さ》き、弟子《でし》たちに与《あた》えて仰《おお》せになった、「取《と》って食《た》べなさい。これはわたしの体《からだ》である」。また杯《さかずき》を取《と》り、感謝《かんしゃ》をささげ、彼《かれ》らに与《あた》えて仰《おお》せになった、「みな、この杯《さかずき》から飲《の》みなさい。これは、罪《つみ》の赦《ゆる》しのために、多《おお》くの人《ひと》のために流《なが》される、わたしの契約《けいやく》の血《ち》である。あなた方《がた》に言《い》っておく。わたしの父《ちち》の国《くに》で、あなた方《がた》とともに新《あら》たに飲《の》むその日《ひ》まで、今《いま》から後《のち》、わたしはぶどうの実《み》から造《つく》ったものを、決《けっ》して飲《の》まないであろう」。

イエスが弟子に与えた『パン』は、イエスが自分の身体で弟子たちに見せた行いで、《イエスの行いの意味を受け取りその身に収めなさい》という意味だ。

そして、『杯《さかずき》から飲《の》』む液体は、イエスの言葉になる。《イエスが語った言葉を自らの腹に入れなさい》ということだ。

そうやって、イエスの言葉と行いは、弟子たちに受け継がれていく。

しかし、その願いは虚《むな》しく終わるとイエスは知っていた。けれど、その形だけは示した。

イエスは、弟子たちとその信者たちが未来に行う『罪《つみ》の赦《ゆる》しのために、多《おお》くの人《ひと》のために流《なが》される、わたしの契約《けいやく》の血《ち》である』と言った。イエスは、その心安《やす》まらない長い時を思い『わたしの父《ちち》の国《くに》で、あなた方《がた》とともに新《あら》たに飲《の》むその日《ひ》まで、今《いま》から後《のち》、わたしはぶどうの実《み》から造《つく》ったものを、決《けっ》して飲《の》まないであろう』と言ったのだ。

キリストの名によって戦争が行われ、キリストの名によって殺し殺される。

イエスがその未来を知らないと思ったか？

イエスがそれを嘆《なげ》かないと思っていたのか？

イエス亡き後のキリスト教徒が、人類の悲惨な歴史を先導した。

マタイによる福音書　第十九章17～19節（金持《かねも》ちの青年《せいねん》）
「もし命《いのち》に入《はい》りたいなら、掟《おきて》を守《まも》りなさい」。彼《かれ》が「どの掟《おきて》ですか」と聞《き》くと、イエスはお答《こた》えになった、「殺《ころ》してはならない。姦淫《かんいん》してはならない。盗《ぬす》んではならない。偽証《ぎしょう》してはならない。父母《ふぼ》を敬《うやま》いなさい。また、隣人《りんじん》を自分《じぶん》のように愛《あい》しなさい」。

マタイによる福音書　第五章46・47節（敵《てき》への愛《あい》）
自分《じぶん》を愛《あい》してくれる者《もの》を愛《あい》したからといって、あなた方《がた》に何《なん》の報《むく》いがあろうか。徴税人《ちょうぜいにん》でさえも、そうしているではないか。自分《じぶん》の兄弟《きょうだい》にだけ挨拶《あいさつ》したからといって、何《なに》か特《とく》別《べつ》なことをしたことになるだろうか。異邦人《いほうじん》でさえ、そうしているではないか。

キリスト教を先導した者たちは、『掟《おきて》を守《まも》』っていないのだから、『命《いのち》に入《はい》』る気がないのは明白だ。

その『命《いのち》に入《はい》』る気がない存在とは悪魔なのだ。

そして、異教徒に愛を注がず殺しに掛かる彼らは、『異邦人《いほうじん》（＝悪魔）』だと、自らの立場を明白にしている。

そんな者たちがキリスト教を支配して導いているのだから、イエスの気が休まるわけがない。

そんな未来を知っているイエスの、血の涙を流すような思いが、『契約《けいやく》の血《ち》』なのだ。

悪魔たちは、イエスを神の子と言いながら、その実態は悪魔の子にして崇めていたのだ。

だから、そんな者たちに最後の審判が訪れれば、《イエスの名によって完膚《かんぷ》無《な》きまでに罪を裁かれることになるぞ》という『血《ち》』の『契約《けいやく》』がここで成されたと覚悟すべき話なのだ。

## 神と悪魔の戦い

マタイによる福音書　第二十六章57〜68節（最高法院《さいこうほういん》の裁判《さいばん》）
人々《ひとびと》はイエスを捕《と》らえて、大祭司《だいさいし》カイアファのもとに連《つ》れていった。そこには律法学者《りっぽうがくしゃ》や長老《ちょうろう》たちが集《あつ》まっていた。ペトロは遠《とお》く離《はな》れて、大祭司《だいさいし》の屋敷《やしき》の中庭《なかにわ》までイエスの後《あと》を追《お》い、事《こと》のなりゆきを見届《みとど》けるために中《なか》に入《はい》り、下役《したやく》たちと一緒《いっしょ》に座《すわ》っていた。祭司《さいし》長《ちょう》たちや最高法院全体《さいこうほういんぜんたい》は、イエスを死刑《しけい》に処《しょ》するために、イエスに不利《ふり》な偽証《ぎしょう》を求《もと》めた。多《おお》くの偽証人《ぎしょうにん》が進《すす》み出《で》たにもかかわらず、何《なに》も証拠《しょうこ》は見《み》つからなかった。最後《さいご》に、二人《ふたり》の男《おとこ》が出《で》てきて言《い》った、「この男《おとこ》は、『わたしは神殿《しんでん》を打《う》ち壊《こわ》し、三日《みっか》のうちにそれを建《た》て直《なお》すことができる』と言《い》いました」。大祭司《だいさいし》は立《た》ち上《あ》がってイエスに言《い》った、「何《なに》も答《こた》えないのか。これらの者《もの》たちがお前《まえ》に不利《ふり》な証言《しょうげん》を申《もう》し立《た》てているが、どうなのか」。しかし、イエスは黙《だま》っておられた。そこで、大祭司《だいさいし》はイエスに言《い》った、「生《い》ける神《かみ》に誓《ちか》ってわれわれに言《い》え。お前《まえ》は神《かみ》の子《こ》、メシアなのか」。イエスは大祭司《だいさいし》に仰《おお》せになった、「あなたの言《い》うとおりである。しかし、わたしは言《い》っておく。今《いま》から後《のち》、あなた方《がた》は、人《ひと》の子《こ》が力《ちから》ある方《かた》の右《みぎ》に座《ざ》し、天《てん》の雲《くも》に乗《の》って来《く》るのを見《み》るだろう」。すると、大祭司《だいさいし》は衣《ころも》を引《ひ》き裂《さ》いて言《い》った、「この男《おとこ》は冒瀆《ぼうとく》の言葉《ことば》を吐《は》いた。どうしてこれ以上《いじょう》、証人《しょうにん》の必要《ひつよう》があろうか。あなた方《がた》は今《いま》、冒瀆《ぼうとく》の言葉《ことば》を聞《き》いた。これをどう思《おも》うか」。すると彼《かれ》らは、「死《し》に値《あたい》する」と答《こた》えた。
そして、人々《ひとびと》はイエスの顔《かお》につばを吐《は》きかけ、こぶしで殴《なぐ》り、またある者《もの》は平手《ひらて》で打《う》って言《い》った、「メシアよ、お前《まえ》を打《う》ったのは誰《だれ》か、言《い》いあててみろ」。

この福音、ここまで大っぴらに書いて文句を言われなかったのだろうか？

『イエスを死刑《しけい》に処《しょ》するために、イエスに不利《ふり》な偽証《ぎしょう》を求《もと》めた』って、《偽《いつわ》りの証言でイエスを処刑しようとした》と堂々と書かれている。

『祭司長《さいしちょう》たちや最高法院《さいこうほういん》』は、イエスを赦《ゆる》せないと殺しておきながら、『聖書』に『偽証《ぎしょう》を求《もと》めた』と記すことは許したんだね。もしかして、彼らは自分の罪を認めたのか？

とても、そうは思えないのだけれど。

『「この男《おとこ》は、『わたしは神殿《しんでん》を打《う》ち壊《こわ》し、三日《みっか》のうちにそれを建《た》て直《なお》すことができる』と言《い》いました」。大祭司《だいさいし》は立《た》ち上《あ》がってイエスに言《い》った、「何《なに》も答《こた》えないのか。これらの者《もの》たちがお前《まえ》に不利《ふり》な証言《しょうげん》を申《もう》し立《た》てているが、どうなのか」』と言っているのだが、イエスは何も間違ったことを言っていない。それに、それは単なる未来に起こることであって、イエスからすればそれは『不利《ふり》な証言《しょうげん》』にはあたらない。だから、それ以上言《い》うことはなく『イエスは黙《だま》っておられた』のだ。

『大祭司《だいさいし》はイエスに言《い》った、「生《い》ける神《かみ》に誓《ちか》ってわれわれに言《い》え。お前《まえ》は神《かみ》の子《こ》、メシアなのか」。イエスは大祭司《だいさいし》に仰《おお》せになった、「あなたの言《い》うとおりである。しかし、わたしは言《い》っておく。今《いま》から後《のち》、あなた方《がた》は、人《ひと》の子《こ》が力《ちから》ある方《かた》の右《みぎ》に座《ざ》し、天《てん》の雲《くも》に乗《の》って来《く》るのを見《み》るだろう」』と、これも、イエスは何も間違ったことを言ってはいない。ただ、『大祭司《だいさいし》』が信じなかっただけなのだ。

本当に『祭司長《さいしちょう》たちや最高法院全体《さいこうほういんぜんたい》』は、我が世の春を謳歌していたのだろう。だから、自分の立場を危うくするイエスを怖《おそ》れてイエスを徹底的に否定した。『あなた方《がた》は、人《ひと》の子《こ》が力《ちから》ある方《かた》の右《みぎ》に座《ざ》し、天《てん》の雲《くも》に乗《の》って来《く》るのを見《み》るだろう』という言葉が現実になる時まで、彼らは我が世の春を謳歌する。

悪魔は、預言者さえ殺せば、この世で我が世の春を謳歌できると信じている。

悪魔は、最後の審判なんて来てほしくはないのだ。

だから彼らは、この世の終わりを語る預言者を殺す。
それに、『祭司長《さいしちょう》たちや最高法院全体《さいこうほういんぜんたい》』の者たちの心の底にある行動原理が、『聖《せい》なるものを』『足《あし》で踏《ふ》みつけ』『あなた方《がた》を咬《か》み裂《さ》く』と示されているのだから、彼らにとっては洗礼者ヨハネやイエスを殺すことは必然の帰結であったのだ。

地上では、こうやって神と悪魔の戦いが繰り広げられていたのだ。

## 違《たが》えられた約束

マタイによる福音書　第二十八章18～20節（派遣《はけん》と約束《やくそく》）
イエスは弟子《でし》たちに近《ちか》づき、次《つぎ》のように仰《おお》せになった、「わたしは天《てん》においても地《ち》においても、すべての権能《けんのう》が与《あた》えられている。それ故《ゆえ》、あなた方《がた》は行《い》って、すべての国《くに》の人々《ひとびと》を弟子《でし》にしなさい。父《ちち》と子《こ》と聖霊《せいれい》の名《な》に入《い》れる洗礼《せんれい》を授《さず》け、わたしがあなた方《がた》に命《めい》じたことを、すべて守《まも》るように教《おし》えなさい。わたしは代《よ》の終《お》わりまで、いつもあなた方《がた》とともにいる」。

『わたしは天《てん》においても地《ち》においても、すべての権能《けんのう》が与《あた》えられている』と語ったことは、お筆先を読めばその通りだと分かる。

次に、『あなた方《がた》は行《い》って、すべての国《くに》の人々《ひとびと》を弟子《でし》にしなさい』と、この言葉を『弟子《でし》たち』が聞けば、《世界を巡って人々をキリスト教に改宗させなさい》と聞こえただろう。

だが、既に説明した通り、『弟子《でし》たち』は、地上にある宗教の開祖なのだ。外国の天国に行くべき民は、すべて十二人と七十二人の国のどれかに所属する者たちだ。だから、《外国の》という言葉は付くが、『すべての国《くに》の人々《ひとびと》を弟子《でし》にしなさい』という言葉は、天国においてはそのまま実現される。国主が自分の国に住む民を集めることを、『弟子《でし》にしなさい』と言っていたのだ。

だから、当時のイエスの『弟子《でし》たち』が地上でやるべきことは、《世界にキリスト教を広めること》ではなく、《地上に降ろされた様々な宗教の上に、それらを統合する律法《りっぽう》があることを世界に伝えること》だったのだ。

でも、弟子たちはイエスの言葉の意味を取り違えてしまった。

なので、『わたしは代《よ》の終《お》わりまで、いつもあなた方《がた》とともにいる』と言ったイエスの言葉は実現されず、『あなた方《がた》とともに』いたのは悪魔の方だったのだ。

しかし、弟子たちは地上では間違えてしまったけれど、綾部の大本の神域で活動する本番の時には間違えることは許されない。だから、その時にこそこの福音の言葉は履行される。

## 父と子と聖霊

その履行されることの中に、『父《ちち》と子《こ》と聖霊《せいれい》の名《な》に入《い》れる洗礼《せんれい》を授《さず》け』とある。

ここに教会が語る『父《ちち》と子《こ》と聖霊《せいれい》』の三位一体《さんみいったい》の元になる言葉がある。だが、ここに書かれた話は三位一体のことではない。


お筆先では、《天国に入るすべての者に名付けを行う》と書かれている。

なので、『名《な》に入《い》れる洗礼《せんれい》』の意味は、《天国に行く時には、すべての者に《名付け》という『洗《せん》礼《れい》』が行われる》ことを語っていたのだ。

地上では、死ぬと生前の名を改め戒名《かいみょう》を与える宗教があるが、その根拠がこれなのだ。


ここまでのことを理解したところで、『父《ちち》と子《こ》と聖霊《せいれい》の名《な》に入《い》れる洗礼《せんれい》を授《さず》け』を解説する。

まず、『父《ちち》と子《こ》』の親子が何を示すのかを明確にする。普通に聖霊とその児の親子と理解できるだろう。親である聖霊には、この世界での名がある。その児である本霊にも、我々が知らなくても名が与えられている。前に、神の名は役割が名になっていると説明した。なので、子宮から出て天国に行けば、これまでとは違う役割が与えられるので名も改められるのだ。

天国に行けるほどに自我が磨けた児（＝『子《こ》』）は、胎児レベルではあるが聖霊と同等な存在になった。

国主は、自分の国に入る『弟子《でし》（＝民）』たちが、『聖霊《せいれい》（＝一《いち》クァドランス）』に成ったことを確認し、《名付け》という『洗礼《せんれい》を授《さず》け』、自分の国に招き入れる。その時に、『わたしがあなた方《がた》に命《めい》じたことを、すべて守《まも》るように（弟子たち全員に）教《おし》えなさい』ということなのだ。

もうその先は、『わたしは代《よ》の終《お》わりまで、いつもあなた方《がた》とともにいる』という言葉が真実となる。でも、この『代《よ》の終《お》わり』は、《この世の終わり》のことではない。天国の『代《よ》の終《お》わり』なのだ。永い時を天国で過ごした先で、もう一度この子宮内世界に戻ることになる。天国では、『いつもあなた方《がた》とともにいる』のは確定している。だが、《再びこの子宮内に戻って来たなら、その時には別々に活動することになる》という言外の意味もあるのだ。

イエスは、そんな遙か先の未来のことも語っていた。

## 秘密は開示され、世界は収束する

これまでの常識に縛られている人たちには、とても残念に思われるだろうけれど、これから、この世を終わらせるのは唯一神なのだ。

これまで、地球の平和を守ってきたアメリカンヒーローたちは、残念なことにこれからは、悪魔の手先という扱いになる。

これから、この世界を終わらせる神の立場から言わせれば、身勝手に世界を壊そうとする者も悪魔だが、こんな悪の世を守ろうとするヒーローも悪の手先なのだ。

そんなヒーローたちは、たとえ神から見たら悪の手先であろうとも、人間受けしてカッコイイのが定番なのだ。

しかし、神の児は、昔からカッコ悪く貧相で『小《ちい》さな者《もの》』としてある。

だから悪魔どもは、洗礼者ヨハネだろうとイエスだろうと、『小《ちい》さな者《もの》』として、あっさりと殺してしまったのだ。だが、神の児の魂は、まだ神の子ですらない胎児なのだから、《カッコ悪く貧相で『小《ちい》さな者《もの》』》であるのが必然なのだ。

ここまで語ったところで次の福音を出そう。

マタイによる福音書　第二十五章31〜46節（最後《さいご》の審判《しんぱん》）

「人《ひと》の子《こ》が栄光《えいこう》に包《つつ》まれ、すべてのみ使《つか》いを従《したが》えてくるとき、人《ひと》の子《こ》は栄光《えいこう》の座《ざ》に着《つ》く。そして、すべての民族《みんぞく》がその前《まえ》に集《あつ》められ、羊飼《ひつじか》いが羊《ひつじ》と山羊《やぎ》とを分《わ》けるように、人《ひと》の子《こ》は彼《かれ》らを二《ふた》つに分《わ》け、羊《ひつじ》を右《みぎ》に、山羊《やぎ》を左《ひだり》に置《お》く。その時《とき》、王《おう》は自分《じぶん》の右側《みぎがわ》の者《もの》に言《い》う、『わたしの父《ちち》に祝福《しゅくふく》された者《もの》たち、さあ、世《よ》の初《はじ》めからあなた方《がた》のために用意《ようい》されている国《くに》を受《う》け継《つ》ぎなさい。あなた方《がた》は、わたしが飢《う》えていた時《とき》に食《た》べさせ、渇《かわ》いていた時《とき》に飲《の》ませ、旅《たび》をしていた時《とき》に宿《やど》を貸《か》し、裸《はだか》の時《とき》に服《ふく》を着《き》せ、病気《びょうき》の時《とき》に見舞《みま》い、牢獄《ろうごく》にいた時《とき》に訪《たず》ねてくれたからである』。すると、正《ただ》しい人《ひと》たちは答《こた》える、『主《しゅ》よ、いつわたしたちは、あなたが飢《う》えておられるのを見《み》て食《た》べさせ、渇《かわ》いておられるのを見《み》て飲《の》ませましたか。いつあなたが旅《たび》をしておられるのを見《み》て宿《やど》を貸《か》し、裸《はだか》でおられるのを見《み》て服《ふく》をお着《き》せしましたか。また、いつあなたが病気《びょうき》であったり、牢獄《ろうごく》におられるのを見《み》て、あなたをお訪《たず》ねしましたか』。すると王《おう》は答《こた》えて言《い》う、『あなた方《がた》によく言《い》っておく。これらのわたしの兄弟《きょうだい》、しかも最《もっと》も小《ちい》さな者《もの》の一人《ひとり》にしたことは、わたしにしたのである』。それから、王《おう》はまた左側《ひだりがわ》の者《もの》にも言《い》う、『呪《のろ》われた者《もの》たち、わたしから離《はな》れ去《さ》り、悪魔《あくま》とその使《つか》いたちのために用意《ようい》されている永遠《えいえん》の火《ひ》に入《はい》れ。お前《まえ》たちは、わたしが飢《う》えていた時《とき》に食《た》べさせず、渇《かわ》いていた時《とき》に飲《の》ませず、旅《たび》をしていた時《とき》に宿《やど》を貸《か》さず、裸《はだか》の時《とき》に服《ふく》を着《き》せず、病気《びょうき》の時《とき》、また牢獄《ろうごく》にいた時《とき》に、訪《たず》ねてくれなかったからである』。その時《とき》、彼《かれ》らもまた答《こた》えて言《い》う、『主《しゅ》よ、いつわたしたちは、あなたが飢《う》えたり、渇《かわ》いたり、旅《たび》をしていたり、裸《はだか》であったり病気《びょうき》であったり、牢獄《ろうごく》におられたりしたのを見《み》ても、お世話《せわ》をしませんでしたか』。すると、王《おう》は答《こた》えて言《い》う、『お前《まえ》たちによく言《い》っておく。これらの最《もっと》も小《ちい》さな者《もの》の一人《ひとり》にしなかったことは、わたしにしなかったのである』。こうして、これらの者《もの》たちは永遠《えいえん》の刑罰《けいばつ》に、正《ただ》しい人《ひと》たちは永遠《えいえん》の命《いのち》に入《はい》る」。

マタイによる福音書だけでも一度読めば分かるだろう。『牢獄《ろうごく》にいた』のは洗礼者ヨハネ、『旅《たび》をしていた』のはイエスだ。これを間違えるなら小学生から学び直すべきだろう。

『最《もっと》も小《ちい》さな者《もの》』とは、洗礼者ヨハネやイエスを代表とする《善の魂の者たち》だ。これを明確にされてしまったなら、もはやこの福音の言葉に、悪は言い訳もできないだろう。

強者にはおべっかを使い、弱者には横柄に対応する。

あなた方は、『小《ちい》さな者《もの》』を積極的にいじめて来た。それが悪魔のやりたいことだったのだから、しょうがないよね。

イエスに罪を着せた『大祭司《だいさいし》』のように、怒って叫べば自分の主張が通るのか、今度は『主《しゅ》』の前で頑張ってほしい。

でも、この福音を読めば普通に分かるよね。

『主《しゅ》』は、まったく、全然、ハッキリと、一ミリも赦してないって、分かるよね。

何故、これを読んで、イエスに願えば赦されると思ったのだろう?

自分の都合の好いように、不都合な真実に蓋をして、トコトン甘えた解釈をする。

自分が行ったそのツケを、最後に支払うだけなのだから、しょうがないよね。

自分の借金を無かったことにはできないのは、あなたも人の借金を取り立ててきたからで、これもやっぱり、しょうがないよね。


話を変えよう。

神からすれば、胎児をいつまでもこの狂った世界に置いておくわけにはいかない。

だから、時が来れば早急に出産させて、神の世界(=天国)に連れ出すことになる。


しかし、出産してしまえば、子宮も胎盤も不要な物なのだ。そして神は、不要な物は即刻処分する。

なので、この世界は無くなるのが定めだ。だから、そんな未来が来ることを知っておいてほしい。


悪魔は本質的に、光よりも闇の方が性《しょう》に合っていて、光り輝く天国など最初から行く気はないのだ。

だから、悪魔が遊べるのはこの狭い子宮の中だけ、それも、神がこの宇宙を膨らませてくれている間だけなのだ。それ故、悪魔は生き急ぐ。悪魔にとっては、栄耀栄華《えいようえいが》を極めるのも遊び、それを奪い取ろうとするのも遊びだ。そうやって優劣を競って奪い合う悪魔のゲーム場がこの世界だったのだ。言ってしまえば、この世界は祭りの夜店のように、期間限定の悪魔のために用意されたゲームセンターだったのだ。なので、不要になれば取り壊され原料に戻される。

そして、次回の神生みの時に再び原料から造られる。

つまり、この世界はリサイクルされる。

だが、悪魔は再利用《リユース》される。

悪魔の魂は、この宇宙の外にある神界全体における最初の唯一神、本当の意味での唯一神によって造られて、それからこの宇宙の中に生きて来た。だから、悪魔にとっては、その唯一神こそが自分たちの本当の生みの親で、すべての悪魔の魂と子宮内世界の元を造った。悪魔にとっては、本当の意味でこの子宮の中のすべてを造った創造主なのだ。

つまり、今の教会が教える『天《てん》の父《ちち》』のイメージは、悪魔たちが認識する『天《てん》の父《ちち》』そのままだったのだ。

だが、唯一神も正統な児を生んでいて、その子は唯一神の能力を一〇〇パーセント受け継いで、それが連綿と続いて、今回は、洗礼者ヨハネが唯一神のすべての能力を受け継いでいたのだ。

善の神や天使たちは、そうやって、自分の能力を一〇〇パーセント児に受け継がせて、天国の階段を一段ずつ登って行く。

悪魔たちも、洗礼者ヨハネが胎児であったとしても、唯一神の全能力を受け継いだ存在であることは知っている。しかし、それでも悪魔である自分たちを生んだ最も敬愛する唯一神の意志に従い、愛しい唯一神の児をいじめ抜く。

何と言うか、悪魔の役割と立ち位置は、戯曲になりそうな愛のジレンマなのだ。人間の業のすべての根源が悪魔から来ていると分かるだろう。

と、変な話をしてしまった。


ま、簡単に語りすぎた感があるけれど、神と天使と悪魔には連綿と続く膨大な背景があったのだ。だが、神界のシステムを理解するなら、我々の親である聖霊の魂（＝神）よりも悪魔の方が遙かに長生きしているという可能性がある。


つまり、悪魔たちは、この世界を何度も何度も繰り返して経験してきたのだ。そして悪魔と人間は、これほどに近い感性を持っていたのだ。

それ故、人間世界を先導する天才が悪魔から齎《もたら》される。人間の思想を誘導し、天才を産み出し技術を発展させ、時代に合わせて人間世界を推し進める。悪魔は過去を知っているのだから、それを繰り返し、時代に合わせた人間ドラマを楽しむ。

悪魔は、毎日上演する舞台のように、ビッグバンで幕《まく》が上がり収縮して幕が下りる地球という舞台で同じシナリオを何度でも繰り返すことを望み、裏から手を回していたのだ。悪魔たちは、失敗から学ぶよりも成長を望むよりも台本通りを望むのだ。そんな悪魔は、決して子宮から出ない究極の引き籠もりのニートたちなのだ。悪魔は、匿名でネットを炎上させるように、悪霊に指示を出して世間を騒がせる。


ま、そんな悪魔なので、この宇宙の原料をカチコチに圧縮した中に生き埋めにされる。それが、『火《ひ》で焼《や》かれ』た後に彼らに与えられる『永遠《えいえん》の刑罰《けいばつ》』なのだ。

『第十八章8節《マタイによる福音書》（つまずきについての警告《けいこく》）では、『永遠《えいえん》の火《ひ》に投《な》げ入《い》れられる』と書かれている。だが、この『永遠《えいえん》の火《ひ》』は最長でも三年程度なのだ。まあ、体が火で焼かれていれば五分でも長いと感じるだろうから、一年二年と焼かれていれば、それはもう永遠とも思える時間に感じるだろう。なので、『永遠《えいえん》の火《ひ》に投《な》げ入《い》れられる』と表現したのだ。けれどそれは長くても三年ほどで、『永遠《えいえん》の刑《けい》罰《ばつ》』となるのは、《土の中に生き埋め》にされることなのだ。

《土の中に生き埋め》にされるのは、肉体も霊体も失い、魂だけとなった命の本体だ。

悪魔も魂のレベルでは、この世界の始まりから終わりまでのすべてのことを何度も見て知っている。

だが、悪霊はこの宇宙が出来るたびに造られて、悪魔から教えられたことしか知らないのだ。だから悪霊は、悪魔より悪魔らしく活動していた。そうやって悪霊は悪魔の傀儡《かいらい》となって地上の人々を翻弄《ほんろう》する。

まるで、闇バイトで指示する者と、指示される実行犯のように、実行犯の方が過激になってしまうようなものなのだ。これは、こんなことにも悪の縮図がある、ということなのだ。

そしてこれが、この世界が多層構造をしている理由だ。

ここまで理解できたところで、『刑罰《けいばつ》』についてもう少し正確に語ると、『永遠《えいえん》の火《ひ》に投《な》げ入《い》れられる』のは悪霊で、その悪霊は宇宙の崩壊とともに消滅する。悪の人間は、その霊体の本質は悪霊なのだから悪霊と同じ運命だ。

最近の人が、「人は死んだら何もかも無くなる」と思っているのは、《悪魔の魂の者にとっての未来を正しく理解している》ということなのだ。ただ、その前に『火《ひ》に』浸《つ》かるだけだ。

結局、悪の人間は、肉体を失い肉体霊を失い本霊も失って、残るのは魂だけ。人間である自分を肉体だと思っていようと肉体霊だと思っていようと、どちらも消えてしまう。

多分、あなたのことは、あなたの命である魂の中に記憶として残るだろう。あなたの人生は、魂にとって数千回目なのか数万回目なのか、あなたが必死にしがみついた唯一無二の人生は、悪魔にとっては数万分の一かもしれず、その上、この先も繰り返されて更にたくさんの人生の中に埋もれていく。

その悪魔の魂は、《土の中に生き埋め》にされて死ぬことはないのだ。

話を次に進めよう。

最初から、悪魔のためにこの世界があったのではない。

この世界は、神の児が神界に出る準備の場としてあったのだ。

神の児が悪を学び、悪のやり方では幸せにはなれないと心の底から学ぶために、この宇宙に悪魔や悪霊、悪人という反面教師が存在していたのだ。

神の児たちには、天国とはこれほどに素晴らしいものだったと心から思えるように、悪魔が造る最悪の世界を経験させられていたのだ。この最悪の世界を知らなければ、天国に行っても、それがどれほどに素晴らしいものなのかも分からないだろう。

悪を学んだからこそ、神の子たちは唯一神が定めた律法によって造られた天国で、永遠の命を律法に従って生きられるようになる。律法を犯せばどうなるのか、それをこの世界で実地に嫌になるほど学んだ。

神の児たちが、失敗を経験し失敗から学ぶためにこの世界はあった。

この世界は、その失敗が神界に影響を及ぼさないように結界が張られた中にあったのだ。

それが、《子宮の中》という神界から隔離された世界だったのだ。

神となる我々は、神界に行ったら失敗は絶対にしてはならないのだ。故意でも偶然でもたまたまでも赦されない。なので、この世界であらゆる失敗をさせて学ばせていたのだ。

だから、『つまずきは避《さ》けられない』のが必然だったのだ。

だが、これまでの苦難は、天国で永遠を生きることを思えば瞬《またた》きの間だったのだ。

これまでの有限の人間の時間は終わり、これから無限に続く神の時間が始まる。

天国へと向かう善の魂の者は、意識を切り替える心の準備をしてほしい。

我々は、これから永遠の天国をゆっくりと進化していく。

我々は、胎児時代のカリキュラムを一緒に卒業し、共に成長していく〝同宮生《どうきゅうせい》〟でもあるのだ。

## まとめ

私が前回書いた本は、日本に降ろされたお筆先の解説なので日本人向けだった。

今回の本書は、世界に知られた『新約聖書』の解説故に、日本人を含む外国人向けになっている。

でも、私に翻訳は無理なので、それができる人にお願いしたい。

私に一応でも使える言語は日本語だけ。とは言っても、人間の日本語と神の日本語のバイリンガルで、それ故、この本が書けたのだ。

実は、神の社会の言語は日本語なのだ。なので、《『聖書』も日本語（＝正統な神の言語）に戻されて正しく読み取れた》という可能性がある。日本語しか読めない私が持っている『聖書』は、当然日本語版なのだ。


これまでの神の言葉は、《その言葉の背景は、あなたが推測しなさい》というスタンスで、不親切で間違いの元だった。

だが、お筆先で得た神に関する知識が詰まっているはずの私の頭から出る言葉は、読み返せば言葉足らずで、その原因が自分の意識が神寄りで神の感覚で語ってしまい、人間とはかけ離れたところで語っていたからだ。

そこで、ここは説明が足りないと書き足したりしているのだが、それが原因で、神の言葉がありがたみの欠片《かけら》も無いと思えてしまったなら申し訳ないと思う。
人間が神聖さを感じるのは、不思議が残っていることも必要なのだ。これまでの宗教が答えを出さないのは、人を惹《ひ》き付けるためという理由もあるのだろう。まぁ、指導者も答えを求めてのめり込んで、その宗教に填《は》められた一人ではあったのだろう。でもそれが、いつの間にか教会に毒されて真理の追求が物欲の追求にすり替わってしまったのだ。

また、神などと共にファンタジーを信じている人には、この現実世界の裏に神や天使や妖精が生きる世界を夢見ていたとも言えるだろう。そんなファンタジーを愛する人に、冷徹な答えを突き付けて不思議世界を終わらせてしまったとしたら「申し訳ない」と言うしかない。

でも、秘密は開示されなければならなかったのだ。しかし、細かいところを見て行けば、まだまだ秘密はある。私もすべてに答えを出せているわけではない。だから、皆さんにもお筆先や『聖書』を探求してほしいと願っている。

私が聖霊とは知らずに聖霊と出会った頃は、昼間は人間の思考で仕事をし、日が落ちると神の思考に強制的に切り替わって神の世界のことを考えていた。

最初はそんな状況に凄まじい違和感があったのだが、それが一年、二年と続いて五年も経った頃には、昼と夜の思考が融合して、自分という存在が自分でもよく分からない者になったと自覚している。そんな状況になっても、世間の中で普通に仕事をして生きている自分を不思議に思うのだが、それによってお筆先の言葉やイエスの言葉が理解できるようになったのだ。

さて、神の気の長い（人類補完？）計画が、本書で明らかにされた。

イエスの外国での活動は、『新約聖書』に書かれた通りで終わっている。しかし、イエスは日本に生まれて、今度は出口王仁三郎《でぐちおにざぶろう》として活動を開始した。

だが、王仁三郎は、イエスを悪魔の子にして崇めた外国の状況をそのまま引き継いで、日本で悪の者として活動したのだ。

## 人類補完（?）計画の裏側

ここまで書いて、私はふと、イエスから王仁三郎へと肉体を乗り換えていく霊魂は、いつから悪の活動を始めたのだろう？　と思ったのだ。

すると、この福音が頭に浮かんだ。それは、《契約の血》の項で参照した言葉だった。

マタイによる福音書　第二十六章29節（聖体《せいたい》の制定《せいてい》）
わたしの父《ちち》の国《くに》で、あなた方《がた》とともに新《あら》たに飲《の》むその日《ひ》まで、今《いま》から後《のち》、わたしはぶどうの実《み》から造《つく》ったものを、決《けっ》して飲《の》まないであろう。

この福音の『ぶどうの実《み》』は、第二十章1〜16節《マタイによる福音書》（ぶどう園《えん》の労働者《ろうどうしゃ》）で解説した《ぶどうの果実》と同じ意味だと気付いた。そう認識すれば、この『ぶどうの実《み》』は《神の真実》と言い換えられる。

これに気付いて読み直せば、《契約の血》の項で解説した内容とは、まったく違う意味が現れた。

この解釈でこの福音を意訳すれば、《イエスは《神の真実》を『飲《の》まない』》と言ったことになる。

これを端的に言えば、《わたしは悪を行うぞ》となる。そして、この福音の『今《いま》から後《のち》』という言葉によって、《墓から復活したのち昇天して、人の前から姿を消した、その直後から》イエスは悪の活動を開始していた、と理解した。

つまり、キリスト教教会の悪行や混乱も、弟子たちの間違いも、イエスが裏から扇動していたと推察されるのだ。なので、キリスト教徒のこの不甲斐ない状況も、イエス（＝神）の導きであったのだ。

こんなことを知ってしまったなら、神に対する印象は大分変わってしまうだろう。神は、人間を騙《だま》す気、満々だった、ということなのだ。

だからこそ、人は、神に対して無防備に付き従うような心持ちや思考をしていては駄目だったのだ。人は神と正面から対峙してやり合って、すべてを理解して分かり合う必要があった。

人は、聖霊と分かり合った先で、三位一体となるところまで行って、やっと、これまでの自分の人生が、ここに到達するための、シナリオの有るドラマだったのだと気付けるのだ。

イエスが第二十六章29節《マタイによる福音書》（聖体《せいたい》の制定《せいてい》）の場面で、誰にもバレないように、フライング気味に《悪を行う》ことを宣言していたのを見ると、イエスは率先して悪を行おうとしているように、私には感じられる。

つまり、これこそが神の計画だった、ということだ。

神は、《悪が善に立ち返る》という経験を善の児たちにさせたかったのだ。なので、《善の児は一度悪に落ちる》必要があった。イエスは、皆のお手本となる役割なので、この神の計画を率先して行う姿を見せねばならなかったのだ。

しかし、このイエスの行いは、人間たちに見せるため、だけではなかったのだ。人間界から見れば、イエス一人で活動しているように見えただろう。だが、イエスの行いと発言は、聖霊の導きで行われていたのだ。だから霊界では、イエスとイエスを導く聖霊とのやり取りを、他のすべての聖霊たちに見せていた、ということなのだ。

そうやって、イエスとイエスを導く聖霊によって、人間界と霊界で、時代を変化させる時を先導していたのだ。

こうして人類は、二〇〇〇年前に聖霊によって、『つまずき』へと大きく舵を切った。

だが、人間界の方は、第二十六章29節《マタイによる福音書》（聖体《せいたい》の制定《せいてい》）でイエスが語った意味を理解できず、イエスの導きによって、人間は善へと向かっていると思っていた。だが、聖霊たちは悪へと導いていたのだ。

そのやり方は、人類を神（＝キリスト教）に迷妄《めいもう》させて中世の暗黒時代へと落とし、そこから人間復興へと向かわせる。人類は、その時代において常に最善へと向かっているつもりで、常に悪へと邁進させられていたのだ。

そうして人類が悪を極めた先で、それを待ち受けていた者が王仁三郎なのだ。

この王仁三郎は、人類を更に悪へと邁進させるように導いた。

人類は、科学技術の発展とともに、良き時代へと突き進んでいると信じていた。

だが、それによって人々の心は、神からますます離れることになったのだ。

この王仁三郎の活動から数十年、トコトンまで悪に落ちた人類は、再び方向転換の時を迎えた。

そうして時は至り、最初の一人に《悪を善に返す聖霊による導き（＝聖霊による洗礼）》が行われた。これは、すべての聖霊たちに見せるために行われたのだ。これによって、あなた方の聖霊たちは、あなた方をどう導けば良いかを学んだのだ。
そして、人間界に向けては、本書によって、《悪が善に返る》御用が行われたことを知らせることになった。

イエスに与えられた役割は、善を行う者（＝一代目　イエス）から、悪に落ちて神を分からない者（＝二代目　王仁三郎）になって、その後に改心して善に立ち返り、神を分かる者（＝三代目　イエスの来々世《らいらいせ》）になるまでの、すべてのプロセスを人々と聖霊たちに見せるという三代にわたる御用だったのだ。
これが、霊界も含めた、気の長い（人類補完？）計画の全貌なのだ。

神を分かる者になって、人々に《神の全貌を伝えること》が、地上での三代目の御用なのだ。
本当は、私が三代目だということを明確にしたくはなかったのだけれど、こんなことは、ちょっと考えれば分かることなのだからと開き直ることにした。

地上だけを見れば、二〇〇〇年前にイエスは一人で神を伝えた。今度もまた、一人で神を伝える御用を行う。それは、始まりの唯一神が、一人で神法を立案し、それを唯一神の我が子たちに伝えて天国を造り上げたことを、今回もなぞっているからなのだ。それ故に、地上でこれを成せる者は他に居らず、この宇宙にこの霊魂の一人だけの御用となるのだ。

だけど、イエスは洗礼者ヨハネの右腕で、ナンバーⅡなんだよ～。神の世界もナンバーⅠは命令するだけで、あれこれと実行するのはナンバーⅡなんだよ～（泣《なき》）、と愚痴ってみた。いや、ナンバーⅠも苦労しているのは知ってるんだけどね。言ってみただけよ（汗《あせ》）。って、何を言っているんだ？

ちょっと、寄り道のつもりが、長い話になってしまった。

《人類補完（？）計画の裏側》の項の前まで話を戻そう。

日本で大本《おほもと》に集まった悪の者たちは、そんな王仁三郎を諸手を挙げて歓迎した。そうして、開祖の出口直を差し置いて、王仁三郎が一番になって日本に大本という悪魔の王国が築き上げられた。ここでもイエスは洗礼者ヨハネを差し置くという歴史を繰り返した。

日本では、大本が《悪魔の信仰とはこういうものだ》と見せる役割を担っていた。

外国では、世界中にあるキリスト教が《悪の信仰の見本》となっていた。

そしてユダヤの民は、《間違った信仰に神が戒めをする》見本だったのだ。

神が構う所には、悪魔が大挙して押し寄せて、その教えを骨抜きにしてしまう。

それを分かった上で神は、間違った行いをしているお手本を造って世界中に見せたのだ。

大本では、神の最終最後の教えを降ろすため、すべてが白日になるように見せた。その方法が、王仁三郎が悪魔の役をやって、悪魔のやり方を人々に見えるように行って見せたのだ。そうやって、開祖の出口直のお筆先の教えとはまったく違う教えを大本に根付かせてしまった。

そうして時は過ぎ、出口直も王仁三郎も昇天し、二人の足下《あしもと》の大本には大勢の悪魔たちが残された。

そのありさまは、イエスの『敵《てき》を』『集《あつ》めて、焼《や》くために束《たば》に』して、『イエスの足元《あしもと》に置《お》』いた、という状況なのだ。

それ故に、大本に火の雨が降る。

それ故に、この世界に崩壊が来るのだ。

日本では、明治時代から大正時代にお筆先が降ろされ、神と悪魔がせめぎあい日本と世界をも翻弄《ほんろう》することになった。

本書では、そんな日本に関することや複雑怪奇な部分はなるべくカットした。それでも、外国では十分に通用する話となっているつもりだ。だがもし、神が日本に向けて行った壮絶なドラマの真実を知りたいのなら、私が書いたお筆先の解説本を読んでほしい。

そして、もう一つだけ、神に対して理解してほしいことがある。

『旧約聖書』時代の神は、私でも厳しいと感じている。そして、お筆先では、第一次世界大戦・第二次世界大戦は、神が人類の未来に起こることを型にして見せるために世界を巻き込んでやらせたことだと言っている。そんな話を聞けば、神ってトンデモナイ存在だと思うだろう。

でも神は、《人間一人一人に向けては、できることをやれば良い》というスタンスなのだ。

第一次・第二次世界大戦すらもよくよく考えてみれば、人間一人一人がその日その場でできることをやった結果なのだ。ヒトラーを例に挙げても、ヒトラー一人の計画であんなことになったとは誰も思わないだろうし、ヒトラー一人でできたことでもないと知っているだろう。神が裏から手を回していたから、あんなトンデモナイ結果になったのだ。人間が計画してあの二度の世界大戦になったなんて誰も思わないだろう。あれは神がやらせたことなのだ。

しかし、あんなことができる神なのだから、神がこの世界を天国にしようと思えば簡単にできたはずだ。だが、神はそれをやらない。この世界のことは悪魔に任せていたからだ。

神は基本、この世界では反面教師（＝悪魔）を使って間違いを教える。そうやって神は、我々にあらゆる間違いを見せつけたのだ。そして、その間違いを否定した先にある正しい道を見つけ出すことが、神（または天使）の児である我々の成すべきことなのだ。

この世界の出来事は、そんな神と天使と悪魔と、人間（＝神の児と天使の児と悪魔の子）が織り成してきた歴史だったのだ。人間は全員、神か天使か悪魔の魂を持つ者なのだ。だから、人間は決して人間以外に生まれ変わることはない。――と言い切りたいのだが、もしかして、動物に生まれるような呆《あき》れたことをやった悪魔がいるかもしれないので確定はできないのだ。

人間がこれまで知らなかっただけで、《すべての人間は神か天使か悪魔の魂を持つ者で、『聖書』に語られていたことは、そこに登場する人たちを使ってこの世界の縮図を見せていた》ということなのだ。それが、『旧約聖書』と『新約聖書』とお筆先で、神が語り人にやらせた意味なのだ。

余計なことまで語ってしまった。

神に対して理解してほしいことは、《神は、決して人間に無理な要求をしていない》ということなのだ。人が生まれながらの罪人《つみびと》であったとしても、「だからどうしろ」なんて神は言ったか？　ということなのだ。

洗礼者ヨハネやイエスは特別な役割の者で、イエスの使徒たちも特別な役割が与えられている。だから、彼らには成すべきことはあるのだが、一般の人たちにはそれほど難しいことを求められているわけではない。

あなたは、胎児に向かって「何かせよ」なんて言う親がいると思うのか？　そんなことは人間でも言わないのに、神が言うわけがないのだ。

でも、陣痛が始まったなら、胎児も出産に向けての準備が必要だ。胎児が出産の陣痛の時に意地を張って、肩肘張って突っ張って産道で引っ掛かっていたら、ただただ苦痛が長引くだけなのだ。

聖霊は、どんな難産でも最終的には出産させるけれど、胎児に準備ができていれば、出産の痛みも軽くできるのだ。人間の胎児だって頭を下にして出産の準備をしている。だから、その未来が来る前にそのくらいの準備はしておいてほしい。頭も下げずに尊大にふんぞり返っていると、あとが大変だぞ。

この世界は、もう終わりの時を迎える。『すべての民族《みんぞく》に対《たい》する証《あかし》として、天《てん》の国《くに》のこの福音《ふくいん》（の真実）が全世界《ぜんせかい》に宣《の》べ伝《つた》えられる』ために本書はある。

『終《お》わりが来《く》る』前に、この内容が『全世界《ぜんせかい》に宣《の》べ伝《つた》えられる』なら、すべての人々の救いとなるだろう。

二〇〇〇年も前から、世界が終わることは伝えられていた。だが、イエスの一番の弟子たちから既に、イエスの教えを間違えていたのだ。

だからこそ、世界が終わる前に、イエスの言葉の真実を伝える必要があった。

本書を読んで『福音《ふくいん》(=神の秘密)』を知れば、イエスが第七章3節《マタイによる福音書》(人《ひと》を裁《さば》くな)の中で『なぜ自分《じぶん》の目《め》にある丸太《まるた》に気《き》づかないのか』と言った意味がよく分かるだろう。自分の想像した丸太がチッポケで、本当は自身が丸太に丸呑みにされていたなんて想像もしなかっただろう。

イエスの言葉を正しく解説した本が、やっと現れた。

神は、最後に現れる。

本書は、その神からの、最後の審判に向けた《お知らせ》なのだ。

十分に理解し、有効に活用してほしいと願う。

# 終わりに

私にとっての事の始まりは、神に会おうとしたことだった。

私の長年の懸案は、長く神を研究しながら神の存在を実感できないことだった。だから、神に会おうと決めた。その挑戦で神に会えれば実在したと分かり、会えなければいなかったと分かる。少なくとも私の中では決着が着く。これで、これから先の私の人生が決まる。私は割と神を捨てる覚悟で神に会う挑戦を始めたのだ。

だがそれでも神はいると信じて会う方法を考え、それを全力で実践する。それが失敗すれば次の方法をと何度も挑戦を繰り返し……、ついに神に会ってしまった。それが本書で紹介した「神（＝聖霊）に会う方法」だ。だが、それからが大変だった。全宇宙が私を見ているという感覚が四六時中つきまとい、神から逃げも隠れもできなくなってしまった。

私は、神に首を抱きしめられたような、嫌になるくらいにその存在を実感しながら、非常に不自由な精神状態で神の私への教育が始まった。生死を司る神を前に私の平常心は行方不明、でも、それ以上にあまりの理不尽さに「殺されたって構わない」と何度も神に喧嘩《けんか》を売った。神への罵詈雑言、八つ当たり、それでも私は死ななかった。

そうして、何だかんだと私への教育は進み、とうとう私は神に無条件降伏を宣言して自分を捧げ、神の軍門に降《くだ》った。そうして私は神に祝福された。

こうして神の陣営に入った後で、私は今まで悪魔の陣営にいたのだと思い知らされたのだ。私は、神も悪魔も関係ない立ち位置で生きているつもりだった。だがそんな場所は最初から何処にも無かったのだ。

こんな一連の経験をした後で、私はお筆先と『新約聖書』を読んだ。そうしたら、私の経験したことが違う言葉でどちらにも書かれていた。だから、私はのめり込むように読み込んで、お筆先も『聖書』も読み解けてしまったのだ。

私は、神が両手を広げて待っている所に飛び込んでしまった放蕩息子であり、夏の虫だった。

それ故、こんな本を書くはめになった。この本は、私の経験が元になっている。

そうして私は、私の人生のすべてが神の掌《てのひら》の上にあったと知った。

神は、私が神の言葉を読み解けるようになるようにと、私の人生を設定し、それを経験させた。

私は、神の言葉を明らかにすることで、自分の人生を再認識し、再構築していたのだ。

# 参考文献

『新約聖書』フランシスコ会聖書研究所訳注
発行所　サンパウロ
二〇一二年二月十五日　初版発行

『おほもとしんゆ（大本神諭）』第一巻、第五巻
昭和五十八年四月三日　初版発行
編者　大本教典刊行委員会
株式会社　天声社

『おほもとしんゆ（大本神諭）』第二巻
昭和五十八年四月三日　初版発行
編者　大本神諭編纂委員会
株式会社　天声社

『おほもとしんゆ（大本神諭）』第三巻
昭和五十八年六月三日　初版発行
編者　大本教典刊行委員会
株式会社　天声社

『おほもとしんゆ（大本神諭）』第七巻
昭和五十九年二月四日　初版発行
編者　大本教典刊行委員会
株式会社　天声社

『いづのめしんゆ（伊都能売神諭）』
平成二十八年九月八日　初版発行
編者　大本教典刊行委員会　代表　浅田秋彦
株式会社　天声社

『實行教経典』（非売品）

**著者プロフィール**

**竹田 文義**（たけだ ふみよし）

昭和40年２月、静岡県の藤枝に生まれる。

地元で義務教育を終えたけれど、勉強もあまりする気が無くて工業高校に行く。

なのに、周囲がもっと勉強しなくて、推薦で大学に行くことになって、その後就職。

子供の頃、自分の視界を外れたところは、本当は何も無い真っ暗な世界なんじゃないかと思って、その片鱗を見ようと何度も振り返っていた。

実際には、そんなものは見えなかったけれど、科学を知ってその感覚は間違いではなかったと理解した。

この世界を構成する物質は、陽子と中性子と電子で、原子一つのレベルでも、その空間には99パーセント何も無いと知った。

この世界は、何も無いのに、あると思わせるように造られた世界だと理解したのだ。

多分、それが私の心の原風景だったのだろう。

ま、そんな人間が書いた本だと思ってほしい。

著書『神降臨　本当の神が現れる』（2023年　文芸社）

**イエスの御心　神の意図**

2024年７月15日　初版第１刷発行

著　者　竹田 文義
発行者　瓜谷 綱延
発行所　株式会社文芸社
〒160-0022　東京都新宿区新宿1－10－1
電話　03-5369-3060（代表）
03-5369-2299（販売）

印刷所　図書印刷株式会社


ISBN978-4-286-25501-9